Para Julio Ortega,

las primeras o segundas

relecturas de su viejo

amigo

C. Fuentes

Stony Brook, Sept. 26, 1988.

RELECTURAS
HISPANOAMERICANAS

Colección
EL SABER
Y LA CULTURA

©EDITORIAL UNIVERSITARIA, S.A., 1986
Inscripción N° 66.527
Derechos exclusivos reservados para todos los países

La reproducción total o parcial de esta obra por medio de fotocopias
o cualquier otro método, está penada por la Ley

ISBN 84-8340-182-7

Texto compuesto con matrices *Linotron 202 Palatino 9½/13*

Se terminó de imprimir esta 1ª edición
en los talleres de EDITORIAL UNIVERSITARIA
San Francisco 454, Santiago de Chile
en el mes de mayo de 1987

CUBIERTA:
Preparativos para la conquista del Imperio Inca
Grabado de *Matthäus Merian* (siglo XVI)

Pedro
Lastra

RELECTURAS
HISPANOAMERICANAS

EDITORIAL UNIVERSITARIA

La Editorial Universitaria
publica este libro en conmemoración
del Quinto Centenario
del Descubrimiento
de América

RELECTURAS HISPANOAMERICANAS

Para Juanita,
primera lectora de estas papelerías

ÍNDICE

Ningún lugar está aquí o está ahí
Todo lugar es proyectado desde adentro
Todo lugar es superpuesto en el espacio

OSCAR HAHN

Advertencia preliminar

La relectura de ciertos libros hispanoamericanos —crónicas, poesía, novela— me ha dado a veces una impresión de familiaridad suficiente como para no resistirme a escribir sobre ellos, y de esta ocurrencia dan cuenta los doce artículos reunidos aquí.

Mi propósito ha sido acercarme más a la descripción de relaciones escriturales que a la formulación crítica valorativa, según ella suele entenderse, aunque parece difícil relegar el juicio de valor implícito en el designio descriptivo, cualesquiera que sean sus motivaciones.

Casi todas estas páginas han sido presentadas en coloquios, mesas redondas o congresos universitarios, entre 1965 y 1985 (la excepción es el texto que sirvió de prólogo al libro de Enrique Lihn, *Al bello aparecer de este lucero*), y tanto el tono expositivo como la recurrencia a citas y notas denuncian un origen que, por otra parte, explica también la heterogeneidad de autores y asuntos tratados.

Ninguna pretensión metodológica anima mis relecturas; pero advierto que las subtiende una línea de trabajo vinculada de algún modo con el concepto de intertextualidad: el presunto lector podrá tener en cuenta esa cercanía —no siempre deliberada u ortodoxa— a la hora de juntar lo disperso en este registro de viaje, o peregrinación, por lugares literarios diversos.

Me gustaría, desde luego, que algunas de las notas propuestas no pasaran a sinonimia (en el sentido en que los entomólogos emplean ese término para descalificar descripciones hechas con anterioridad y ya incorporadas a los repertorios científicos). No sé hasta dónde he logrado conjurar, por lo menos parcialmente, ese peligro; pero sé que las oportunas sugerencias de mis amigos Alberto Escobar, Juan Loveluck, Ivan Schulman, Oscar Hahn, Adriana Valdés, Edgar O'Hara, Elias Rivers, Georgina Sabat de Rivers y Enrique Lihn han contribuido de muchas maneras a ordenar y a mejorar estas relecturas.

P.L.
Stony Brook, N.Y., *diciembre de 1986*

11

1. Espacios de Alvar Núñez: Las transformaciones de una escritura

La historia de Cabeza de Vaca (en América del Norte), y por eso la menciono con reiterada insistencia, exhala la magia de la redención. Es una historia descorazonadora y al mismo tiempo inspiradora.

HENRY MILLER, Los libros en mi vida.

Para medir la magnitud de su fracaso en la segunda mitad de su vida, bastará con que comparemos sus viajes con los de Cabeza de Vaca.

HENRY MILLER, refiriéndose a Rimbaud, "Analogías, afinidades, correspondencias y repercusiones".

Así como era negro el primer blanco que conquistó Nuevo-México, "negro alárabe, natural de Azamor", Estebanico, entre las huestes heroicas de Alvar Núñez Cabeza de Vaca, sobrepujando al desordenado Pánfilo Narváez, el expedicionario de la gran Península de la Florida...

PABLO DE ROKHA, "Tonada a la Posada de don Lucho Contardo".

D E LOS TEXTOS de Alvar Núñez Cabeza de Vaca podría decirse que también fueron alcanzados por la sombría fortuna de su autor, y que las peripecias de su existencia continuaron en las de su escritura. Biografía y bibliografía entrelazan, en su caso, azares análogos, singularizados por la incertidumbre: a la vaguedad de los datos acerca de la vida del cronista corresponden las imprecisiones o la arbitrariedad con que se han difundido sus escritos. Lo primero, desde la licencia real de 1555, y lo segundo, desde la edición de 1749 impresa por Andrés González Barcia (*Historiadores primitivos de las Indias Occidentales*, tomo I), y en la cual se basan casi todas las ediciones modernas, con una excepción importante: la de 1906, dispuesta por M. Serrano y Sanz para la *Colección de Libros y Documentos referentes a la Historia de América*[1]. Y aunque el trabajo de Serrano y Sanz tampoco está libre de vacilaciones (se advierten, por ejemplo, en su referencia a la primera edición de los *Naufragios* —1542— incorporada en nota al volumen II), no hay duda de que es el avance más apreciable que se ha logrado en el aspecto documental. Desde luego, la fidelidad con que se reproducen los escritos de Alvar Núñez tal como aparecieron en 1555, restableciendo las piezas suprimidas por González Barcia, permite corregir algunas interpretaciones sugeridas por el texto que se impuso desde el siglo XVIII, y del que se puede hablar con propiedad como de un texto incompleto[2].

En efecto, González Barcia omitió —sin razonar su criterio— la licencia de impresión de 1555 y los proemios-dedicatorias de los *Naufragios* y de los *Comentarios*, dirigidos al Emperador Carlos V y al Príncipe Don Carlos, respectivamente, y modificó las *Tablas* de los capítulos. Éstas no sólo tienen interés por su carácter de índice curioso —ya que ellas traen titulares de capítulos que difieren de los epígrafes que hay en el texto— sino también por otra particularidad: es allí donde aparece la palabra *naufragios* para designar la materia de la

[1]Tomos V y VI [volúmenes I y II de la obra de y relativa a A.N.] (Madrid: Librería General de Victoriano Suárez, 1906), con el título de *Relación de los Naufragios y Comentarios de Alvar Núñez Cabeza de Vaca*. Ilustrados con varios documentos inéditos. El Vol. I reproduce la edición de Valladolid (1555) de los *Naufragios* y de los *Comentarios* (pp. 1-144 y 145-378, más las tablas de los capítulos de ambos libros, pp. 379-381 y 383-388). El Vol. II contiene los siguientes documentos: "Relación general que yo, Alvar Nuñez Cabeça de Baca, Adelantado y Gobernador y Capitan general de la probincia del rrio de la Plata, por merced de Su Magestad, hago para le ymformar, y á los señores de su rreal Consejo de Yndias, de las cosas subcedidas en la dicha probincia dende que por su mandado partí destos reynos á socorrer y conquistar la dicha probincia" (pp. 1-98); Cuatro probanzas hechas por A.N. en 1546 (pp. 99-169; 171-191; 191-212; 213-281); "Informacion hecha en Xerez á pedimento de Cabeça de Vaca para verificar ciertas cartas" (pp. 283-306): *Relación de las cosas sucedidas en el Río de la Plata*, por Pero Hernández. Año 1545 (pp. 307-358). Serrano y Sanz registra en su "Advertencia" a este volumen (p. XI) y en nota al calce (p. 307) la publicación anterior de este documento en la *Pequeña Biblioteca Histórica* (Asunción del Paraguay, 1895). Volumen II, pp. [3] 5-62, con el título de *Memoria del escribano Pero Hernández, secretario del Adelantado y Gobernador del Río de la Plata Alvar Núñez Cabeza de Vaca*. (Edición de 50 ejemplares, muy deficiente, según Serrano y Sanz, quien la reimprime "con arreglo al manuscrito original"); "Relación que dejó Domingo Martínez de Yrala en el puerto de Buenos Aires quando lo despobló á instancias del requerimiento que le hizo Alonso de Cabrera. 1541" (pp. 359-377); "Carta de Domingo de Yrala á S.M. dando extensa cuenta del estado de las provincias del Rio de la Plata, prision de Cabeza de Vaca, etc. 1545" (pp. 379-395).

[2]La edición de Julio Le Riverend (tomo II de *Cartas de relación de la conquista de América*, México, D.F.: Editorial Nueva España, S.A., s.a. *Colección Atenea*) se basa en la de M. Serrano y Sanz. Incluye el "Prohemio" de los *Naufragios* (pp. 9-10), pero omite el de los *Comentarios*: "No tienen el valor anecdótico personal de los *Naufragios* y pertenecen de lleno a la historia propiamente americana, posterior a los descubrimientos. Por otra parte, no fueron obra de su pluma sino de la de su escribano", dice Le Riverend en el "Estudio final", tomo II, p. 616.

primera obra: *"Tabla de los capítulos contenidos en la presente relación y naufragios del gouernador Aluar Nuñez Cabeça de Vaca"*. Este simple detalle debe reducir o eliminar la extrañeza que ha provocado en más de un lector la cita de ese título hecha por el Inca Garcilaso en los capítulos III y IV del Libro Primero de su historia de La Florida.

Las piezas suprimidas por González Barcia y restituidas a su lugar en la edición de Serrano y Sanz, son fundamentales para la inteligencia de los propósitos de Alvar Núñez y de su estrategia escritural[3].

En el fragmento inicial de la licencia de impresión de 1555 se lee lo siguiente:

El rey

Por quanto por parte de vos, el Gouernador Aluar Nuñez Cabeça de Vaca, vezino de la ciudad de Seuilla, nos hezistes relacion diziendo que vos auiades compuesto vn libro intitulado *Relacion de lo que acaescio en las Indias*, en el armada de que vos yuades de Gouernador. Y que assimesmo auiades hecho componer otro intitulado *Comentarios*, que tratan de las condiciones de la tierra y costumbres de la gente della. Lo qual era obra muy prouechosa para las personas que auian de passar aquellas partes. Y porque el vn libro y el otro era todo vna misma cosa y conuenia que de los dos se hiziesse vn volumen, nos suplicastes os diessemos licencia y facultad para que por diez o doze años los pudiessedes imprimir y vender, atento el prouecho y vtilidad que dello se seguia, o como la nuestra merced fuesse. Lo qual, visto por los del nuestro Consejo, juntamente con los dichos libros que de suso se haze mencion, fue acordado que deuiamos mandar dar esta nuestra cedula en la dicha razon...[4].

Los miembros del Consejo se refieren de manera imprecisa a los títulos y a las materias, al vincular la *Relación y naufragios* con el Gobernador (no lo era en esa oportunidad Alvar Núñez) que sí hizo componer los *Comentarios*, aunque ese libro trata algo más que "de las condiciones de la tierra y costumbres de la gente della". Pero no yerran del todo al anotar que "el vn libro y el otro era todo vna misma cosa y conuenia que de los dos se hiziesse vn volumen".

Nuestra hipótesis de trabajo se orienta en esa dirección, y para esbozarla en poco espacio es necesario examinar los proemios.

---

[3]Robert E. Lewis ha realizado un excelente trabajo en esta dirección, aunque sólo con respecto a los *Naufragios*. Véase su artículo "Los *Naufragios* de Alvar Núñez: historia y ficción" (*Revista Iberoamericana*, Vol. XLVIII. Núms. 120-121, Julio-Diciembre 1982, pp. 681-694).

[4]*Relación de los Naufragios y Comentarios...* Serrano y Sanz, 1906, Vol. I, p. 1.

El primer proemio, dirigido a Carlos v, ha sido analizado con agudeza por Robert Lewis en su artículo de 1982[5], lo que facilita y abrevia mi exposición.

Señala Lewis, entre sus varias y atinadas observaciones, que lo notable de ese texto reside tanto en lo que el autor dice como en lo que omite, y sobre esto último tendré ocasión de volver. Subrayaré por ahora que se trata de una pieza que confirma, de modo singular, una idea muy extendida en el período: la conciencia de vivir un tiempo excepcional, en el que la voluntad de servicio al príncipe es un imperativo que califica la condición del buen súbdito. Esa voluntad, dice Alvar Núñez, se manifiesta universalmente:

> Entre quantos principes sabemos aya auido en el mundo, ninguno pienso se podria hallar a quien con tan verdadera voluntad, con tan gran diligencia y desseo ayan procurado los hombres seruir como vemos que a Vuestra Magestad hazen oy[6].

El tópico del sobrepujamiento ("Entre quantos principes sabemos aya auido en el mundo, ninguno pienso se podria hallar...") prepara, como es de esperar, otro elogio: el de la magnanimidad del príncipe:

> ...bien pensé que mis obras y seruicios fueran tan claros y manifiestos como fueron los de mis antepasados, y que no tuuiera yo necessidad de hablar para ser contado entre los que con entera fe y gran cuydado administran y tratan los cargos de Vuestra Magestad y les haze merced (p. 4).

Hablar es justificarse: pues la voluntad de servicio se concreta en obras cuando los designios de la Fortuna son favorables, y esta es una gran diferencia entre los hombres señalados y los que no llegan a serlo, "sin culpa de nadie, mas por sola voluntad y juyzio de Dios" (p. 3).

Lo que Alvar Núñez ofrecerá entonces en nombre de servicio será la relación de una desventura, y esto porque reconoce en ella un doble valor: la de ser al mismo tiempo prueba y "testigo [de] su diligencia" (p. 4), y "auiso [...], no liuiano, para los que en su nombre fueren a conquistar aquellas tierras y juntamente traerlos a conocimiento de la verdadera fee y verdadero señor y seruicio de Vuestra Magestad" (p. 5).

A ese proemio, como a la historia de la primera frustración, contestará el otro proemio, completando lo que el relato de los naufragios deja abierto en la

[5]Véase *supra*, nota 3.

[6]"Prohemio" a *Naufragios*. Serrano y Sanz, 1906, Vol. i, p. 3. Todas mis citas de A.N. proceden de la edición de Serrano y Sanz, a la que sigo puntualmente. La paginación indicada entre paréntesis después de cada cita remite al Vol. i para *Naufragios y Comentarios*, y al Vol. ii para la *Relación general* (Véase nota 1).

realidad vivida y en el texto de Alvar Núñez. Sin embargo, la segunda escritura no será asumida por éste en forma directa, sino en la oblicuidad de una transferencia: el escribano Pero Hernández oficiará como amanuense; aún más, como encubridor de un *alter ego* de quien no puede escribirse a sí mismo para justificar la nueva y última frustración.

La primera empresa se justifica por la experiencia ganada, que podrá ser útil también para otros. La voluntad de servicio no sufre ninguna mengua porque la Fortuna haya sido adversa; por el contrario, la adversidad la fortalece.

Lo que calla aquí la prudencia del personaje lo dice la narración de sus hechos, como se advierte en la cuidadosa selección de indicios que marcan siempre el papel eminente de Alvar Núñez en los acontecimientos.

Éstos se ordenan, como lo ha estudiado con gran finura Luisa Pranzetti en su artículo "Il naufragio come metàfora"[7], en cuatro macrosecuencias: *choque*, *encuentro*, *integración* y *retorno*, en las cuales importa atender a una repetida y por lo mismo significativa oposición: la de Yo *vs* El Otro, oposición que tiene en el relato diversas implicaciones y que se constituye en él como una red, en cuyo centro está siempre el narrador protagonista. Bastará mencionar algunas de ellas para insinuar su interés: yo *vs* el gobernador Pánfilo de Narváez; yo *vs* los otros oficiales reales; yo (en el plural inclusivo *nosotros*) *vs* los indios; yo *vs* Castillo (en el ejercicio de las prácticas médicas); nosotros (A.N., Dorantes y Castillo) *vs* el negro Estebanico (cuya mención será borrada del todo en el proemio a los *Comentarios*); nosotros *vs* los cristianos con quienes se encuentran en San Miguel, oposición ésta que se amplía y afirma mediante el recurso a la transferencia del juicio a los indios, quienes declaran la falsedad de los cristianos desconocidos (*ellos*):

...vnos con otros entre si platicauan diziendo que los christianos mentian, porque nosotros veniamos de donde salia el sol y ellos donde se pone, y que nosotros sanauamos los enfermos y ellos matauan los que estauan sanos, y que nosotros veniamos desnudos y descalços y ellos vestidos y en cauallos y con lanças, y que nosotros no teniamos cobdicia de ninguna cosa, antes todo quanto nos dauan tornauamos luego a dar y con nada nos quedauamos, y los otros no tenian otro fin sino robar todo quanto hallauan y nunca dauan nada a nadie (p. 129).

Aunque la presencia del yo también subyace con intensidad en el proemio de los *Naufragios*, hay en él —como dice Lewis— "una notable omisión [...] de

[7]*Letterature d'America* (Roma: Bulzoni Editore, Anno I. Núm. 1. Inverno 1980, pp. 5-28). Debo el conocimiento de este importante trabajo al profesor Juan Loveluck, y al profesor Pier Luigi Crovetto, de la Universidad de Génova, otra nota muy sugestiva de la autora incluïda en: Alvar Núñez Cabeza de Vaca. *Naufragi*. A cura di Luisa Pranzetti. Introduzione di Cesare Acutis. Torino, La Rosa, 1980, pp. 121-137.

cualquier mención del protagonismo del autor en la historia que va a contar", y en efecto esa parquedad contrasta en el relato con "el lugar privilegiado que ocupan las actividades de Alvar Núñez"[8]. El proemio enfatiza el valor documental de su obra, como información útil —diríamos ahora— para el conocimiento etnográfico y antropológico. El texto narrativo dirá mucho más, porque ese recuento de las peripecias sufridas, de la experiencia tan duramente ganada, se manifiesta al final como justificación compensatoria: el fracaso de la empresa de conquista se transforma en éxito misionero. Numerosos grupos de indios se acercan a estos mensajeros de la fe y los siguen, teniéndolos por hombres venidos del cielo ("...entre todas estas gentes se tenia por muy cierto que veniamos del cielo", p. 119). De este triunfo desprende Alvar Núñez una convicción doctrinaria, que expresa en estos términos:

> ...por donde claramente se vee que estas gentes todas para ser atraydos a ser christianos y a obediencia de la Imperial Magestad han de ser lleuados con buen tratamiento, y que este es camino muy cierto, y otro no (p. 124).

Y la mención del "buen tratamiento" como el único camino que garantiza el éxito de la cristianización en América, probado con la experiencia, anticipa esta otra y más importante interpolación doctrinaria:

> Dios nuestro Señor por su infinita misericordia quiera que en los días de Vuestra Magestad y debaxo de vuestro poder y señorio, estas gentes vengan a ser verdaderamente y con entera voluntad subjetas al uerdadero señor que los crio y redimio. Lo qual tenemos por cierto que assi sera y que Vuestra Magestad a de ser el que lo ha de poner en effecto (que no sera tan difficil de hazer), porque dos mil leguas que anduuimos por tierra y por la mar en las varcas y otros diez meses que despues de salidos de captiuos sin parar anduuimos por la tierra, no hallamos sacrificios ni ydolatria (p. 136).

Esa interpolación, estratégicamente situada casi al final del relato (en el Cap. XXXVI, antepenúltimo del libro), se nos aparece entonces como evidencia de la unidad de la obra: prolongación y cierre del proemio.

Es el momento de considerar los *Comentarios*, entendidos como otra continuidad natural de la escritura de la primera relación, o *Naufragios*. Empezaré otra vez por un rápido examen del nuevo proemio-dedicatoria, pero no sin señalar que con la expresión "continuidad de la escritura" no estoy indicando, como es

---

[8]Robert E. Lewis, *Loc. cit.*, p. 685.

obvio, que se trate de formaciones discursivas de la misma naturaleza. La diferencia es demasiado clara como para detenerse ahora a corroborarla.

El proemio a los *Comentarios* es tan importante como el de los *Naufragios* para comprender la estrategia de Alvar Núñez. Al exponer su propósito en primera persona y firmar esa exposición con su nombre, quiere indicar que ha transferido la escritura pero no la autoría. Por eso no es extraño que el personaje que es sujeto del texto prologue y dedique un libro en el cual las funciones de autor y escritor no se confunden. La participación de Pero Hernández —marcada primero en el título[9], y luego con una cierta ambigüedad en el proemio— se limita al papel del amanuense, acaso del consejero, dejando en su verdadero sitio al autor, quien se adelanta en este prólogo a decir a su destinatario real:

Hauiendo salido el año de xxxvii de aquella larga y trabajosa peregrinación de la Florida, donde N.S. vsó comigo tantos y tan singulares beneficios, de los quales para testimonio de su antigua misericordia, vsada siempre desde el principio del mundo con los hombres, y particularmente comigo y Dorantes y Castillo Maldonado, que quedamos solos de CCC hombres que hauiamos entrado en la tierra con Pamphilo de Naruaez, y duramos guardados y librados de los muchos peligros que en aquella tierra tan remota y con aquella gente tan barbara por espacio de X años nos acontescieron. Y para exemplo de que otros hombres esten ciertos y seguros que la poderosa mano de Dios (que todo lo abraça) por qualquiera parte del mundo los guiará y ayudará, di quenta a Su M. en la breue relacion que con estos *Comentarios* va, porque con su amplissimo & inuictissimo nombre tan extendido, temido y obedescido en la mayor parte de la tierra, vaya la memoria, testimonio y exemplo de las mercedes que Dios hizo a su subdito. Despues, queriendo su altissima magestad continuar comigo sus marauillas mouio al Emperador vuestro abuelo a que me embiase el año de xl con vn armada al rio del Paraná (que llamó Solis rio de la Plata), a socorrer la gente y proseguir el descubrimiento de D. Pedro de Mendoça (que dixeron de Guadix). En lo qual passé muy grandes peligros y trabajos como V.A. muy particularmente vera en estos *Comentarios* (que con grande diligencia y verdad escriuió Pero Fernandez, secretario del Adelantamiento y gouernacion, a quien yo los encargué), los quales van juntos con mis primeros successos porque la variedad de las cosas que en la vna parte y en la otra se tractan, y la de mis acontescimientos, detenga a V.A. con algun gusto en esta lection. Que cierto no hay cosa que mas deleyte a los lectores que las variedades de las cosas y tiempos y las bueltas de la fortuna, las quales, aunque al tiempo que se experimentan no son gustosas, quando las traemos a la memoria y leemos, son agradables. He acordado que como N.S. ha sido seruido de lleuar

---

[9]*Comentarios de Alvar Nuñez Cabeça de Vaca, adelantado y gouernador de la prouincia del Rio de la Plata. Scriptos por Pero Hernandez scriuano y secretario de la prouincia. Y dirigidos al sereniss. muy alto y muy poderoso señor el Infante don Carlos. N.S.*

adelante comigo su misericordia y beneficios, que seria cosa muy justa y muy deuida que para el testimonio y exemplo que arriba dixe, yo tambien lleuasse adelante la memoria y alabança dellos, y assi como los primeros dirigi a Su M., dirigir estos a V.A. para que Dios encomiença [sic] a mostrar el señorio y predicacion de tantas tierras y gentes, porque en abriendo los ojos de su niñez vea V.A. quan liberalmente reparte Dios su misericordia con los hombres (pp. 147-149)[10].

El énfasis con que aquí se exaltan las bondades de la providencia vincula estrechamente este proemio con la interpolación doctrinaria del final de los *Naufragios*, ya citada. Por otra parte, debe retenerse también el sentido de unidad de las experiencias vividas subrayadas por el autor, que no obstante transfiere una escritura que él mismo juzga como "gustosa lección".

¿Quién escribe entonces, en rigor, el texto que suele atribuirse a Pero Hernández?

El título indica que la voz *comentarios* está usada allí en el sentido recto, y muy frecuente, de *memorias históricas*, y así lo asienta Alvar Núñez en el proemio: "...He acordado [...] que seria cosa muy justa [...que] yo tambien lleuasse adelante la memoria y alabança dellos...".

Pero el otro sentido —connotado— de esa voz se aclara cuando se tiene en cuenta la existencia de otro texto, del propio Alvar Núñez, fechado el 7 de diciembre de 1545. Se trata de la *Relación General que yo, Alvar Nuñez Cabeça de Baca, Adelantado y Gobernador y Capitan general de la probincia del rrio de la Plata, por merced de Su Magestad, hago para le ymformar, y á los señores de su rreal Consejo de Yndias, de las cosas subcedidas en la dicha probincia dende que por su mandado partí destos reynos á socorrer y conquistar la dicha probincia.*

Esta relación de servicios, publicada al parecer por primera y única vez por Serrano y Sanz en 1906[11] es, sin duda, el *subtexto* de los *Comentarios*. Estos adquieren entonces un doble carácter: son memorias históricas de la empresa, pero también "comento y glosa" —como diría Garcilaso— de aquel texto, al que sigue a menudo muy de cerca; pero ampliando el espacio mediante la incorporación de pormenores, la reiteración y la insistencia; también redisponiendo, según las exigencias de un relato histórico, las secuencias de la probanza de Alvar Núñez.

El cotejo textual, entre la *Relación general* o probanza de 1545 y los *Comenta-*

[10]El "Prohemio" a los *Comentarios* ocupa las pp. 147-155 del Vol. I. Su encabezamiento recurre a las fórmulas usadas en el título, atraídas aquí como dedicatoria: "Al serenissimo, muy alto y muy poderoso señor, el Infante D. Carlos. N.S., Aluar Nuñez Cabeça de Vaca, adelantado y gouernador del Rio de la Plata. Paz y felicidad".

[11]Manuel Serrano y Sanz remite al manuscrito existente en el Archivo General de Indias. Simancas. No conozco otras ediciones de esta pieza documental.

rios, revelaría los grados y las posibilidades de la elaboración literaria en Alvar Núñez. Y aunque es cierto que él solo no basta para decidir el problema de la autoría, porque se podría pensar que esa probanza también es obra de Pero Hernández (hipótesis improbable), el proemio-dedicatoria atenúa la indecisión, convirtiéndola casi en un falso problema.

No es del caso intentar ahora ese cotejo, de dimensiones considerables. Bastará con una muestra mínima, destinada a destacar el interés que revisten tales correspondencias[12].

Apartado VI de la *Relación general*:

Luego por el mes de mayo del dicho año embié una carabela con el contador Felipe de Caceres para que entrasen por el rrio que dizen de la Plata á bisitar el pueblo que don Pedro de Mendoça allí asentó, que se llamaba Santa Maria de Buen Ayre, y por ser ynbierno, contrario tiempo para la nabegación del rrio, no pudo entrar y se bolvio á la dicha ysla de Santa Catalina, y despues de buelto el dicho Felipe de Caceres con la dicha carabela, en el dicho mes de mayo llegaron a la dicha ysla donde yo estava ocho ó nueve crystianos que benian en un batel del puerto de Buenos Ayres, huyendo por los malos tratamientos que dixeron que les hazian los capitanes que residian en la dicha tierra (p 5).

Capítulo IV de los *Comentarios*:

Y prosiguiendo el gouernador en el socorro de los españoles, por el mes de Mayo del año de mil y quinientos y quarenta y vno embio vna carauela con Phelipe de Caceres, contador de Vuestra Magestad, para que entrasse por el rio que dizen de la Plata a visitar el pueblo que Don Pedro de Mendoça allí fundó, que se llama Buenos Ayres, y porque a aquella sazon era inuierno y tiempo contrario para la nauegacion del rio no pudo entrar y se boluio a la ysla de Sancta Catalina donde estaua el gouernador, y alli vinieron nueue christianos españoles, los quales vinieron en vn batel huyendo del pueblo de Buenos Ayres por los malos tratamientos que les hazian los capitanes que residian en la prouincia... (p. 163).

Apartado XXV de la *Relación general:*

Toda esta tierra de la probincia de Bera es la mejor tierra é de mas buenas aguas, rios, arroyos, fuentes, canpos, arboledas, que yo he visto, é de mucha caza de

---

[12]Las discrepancias ortográficas entre uno y otro textos carecen de valor probatorio con respecto a las cuestiones de autoría, y no sólo porque en el caso de la *Relación general* se trate de la copia de un manuscrito (lo que no ocurre con los *Comentarios*). Hay aquí una tarea filológica abierta.

tierra; muy aparejada para poblar, senbrar é criar ganados de todas suertes, é muy sanas, y toda la gente, como tengo dicho, que bibe en esta tierra, es de generación de los Guaranies, labradores y criadores de patos é gallinas, como los de nuestra España; gente domestica, amigos de crystianos, aparejados para con poco trabajo atraerlos al conocimiento de nuestra santa fee catholica (pp. 15-16).

Capítulo x de los *Comentarios* (fragmento final):

En todo este camino y tierra por donde yua el gouernador y su gente haziendo el descubrimiento ay grandes campiñas de tierras y muy buenas aguas, rios, arroyos y fuentes y arboledas e sombras, e la mas fertil tierra del mundo, muy aparejada para labrar y criar, y mucha parte della para ingenios de açucar, y tierra de mucha caza, y la gente que viue en ella, de la generacion de los Guaranies, comen carne humana y todos son labradores y criadores de patos y gallinas, y toda gente muy domestica y amigos de christianos y que con poco trabajo vernán en conoscimiento de nuestra sancta fe catholica, como se ha visto por experiencia, y segun la manera de la tierra se tiene por cierto que si minas de plata ha de auer, a de ser alli (p. 183).

Apartado xxxvii de la *Relación general*:

Otro si, mandé juntar los officiales de Su Magestad, clerigos y religiosos, y les rogué y esforçé con buenas palabras tubiesen especial cuydado en la doctrina y enseñamiento de los yndios naturales basallos de Su Magestad, é demás desto les mandé leer los capitulos de una carta acordada de Su Magestad, que habla sobre el buen tratamiento de los yndios y que ellos tengan especial cuydado en mirar que no sean mal tratados; y leydos les apercybi ansy lo hiziesen y cumpliesen é me abisasen de los malos tratamientos, para poner en esto el remedio, y mandeles dar un traslado de los dichos capitulos para que estubiesen mejor advertidos (p. 23).

Capítulo xv de los *Comentarios* (fragmento final):

Y para mejor seruir a Dios y a Su Magestad el gouernador mando llamar e hizo juntar los religiosos y clerigos que en la prouincia residian y los que consigo auia lleuado, e delante de los officiales de Su Magestad, capitanes y gentes que para tal effecto mando llamar y juntarles, rogo con buenas y amorosas palabras tuuiessen especial cuydado en la doctrina y enseñamiento de los indios naturales, vassallos de Su Magestad y les mando leer y fueron leydos ciertos capitulos de vna carta acordada de Su Magestad que habla sobre el tratamiento de los indios, y que los dichos frayles, clerigos y religiosos tuuiessen especial cuydado en mirar que no fuessen mal tratados, e que le auisassen de lo que en contrario se hiziesse, para lo proueer y remediar, y que todas las cosas que fuessen necessarias para tan sancta obra el gouernador se las daria y proueeria... (pp. 196-197)[13].

El apartado LXXVII de la *Relación general* (pp. 49-50) registra el viaje del capitán Gonzalo de Mendoza a los pueblos de los indios Arianeçoçies (Arrianicosies en los *Comentarios*), "é cerca de la horden que abia de tener le di unos capitulos firmados de mi mano, é se fue llebando otros muchos yndios de los naturales para guiarle" (p. 50).

El capítulo LXVII de los *Comentarios* (pp. 319-321) glosa este episodio, pero agregando el texto de las instrucciones mencionadas en el apartado LXXVII de la probanza: "...y assi se acordo de embiar a buscar los bastimentos al dicho capitan con esta instrucción.

Lo que vos el capitan Gonçalo de Mendoça aueys de hazer en los pueblos donde vays...", etc. (pp. 320-321).

Los ejemplos se pueden seguir a lo largo de las dos piezas.

Malos tratamientos / buenos tratamientos es, como he dicho antes, una oposición explícita al final de los *Naufragios*, que se proyecta también como un vínculo decisivo entre aquel texto y el de los *Comentarios*.

Ninguna fórmula valorativa se repite más en estos últimos que la de los *buenos tratamientos* hechos por el gobernador a los indios. Ella expresa una nueva oposición, ya esbozada en el primer texto y magnificada aquí: A.N. y sus parciales prodigan los "buenos tratamientos", al paso que Martínez de Irala y sus oficiales hacen lo contrario.

Estos enemigos de la buena causa son los culpables de los "grandes peligros y trabajos" mencionados en el proemio de los *Comentarios* (p. 148). Y a ellos se endereza la lección final del mismo texto, cuando Alvar Núñez anota que solamente quien gobierna con "preceptos de christiandad, caualleria y philosophia" puede impedir a sus contrarios hacer en sus reinos "grandes impresio-

[13]Según el desarrollo de los sucesos, la lectura de la carta sobre el "buen tratamiento de los indios" referida en el apartado de la *Relación general* y en el fragmento de los *Comentarios* que cito, tuvo lugar a mediados de 1542. Su contenido parece resumir las disposiciones del capítulo II de las *Leyes Nuevas*, promulgadas poco después (Barcelona, 20 de noviembre de 1542). El documento que lee A.N. es sin duda uno de los muchos que anticiparon el texto de las *Leyes Nuevas*. En este punto, dejo constancia de mi agradecimiento al distinguido historiador Ernesto Chinchilla Aguilar, quien me ha procurado una detallada información sobre cédulas reales anteriores a 1542 relativas al "buen tratamiento", enviadas a los gobernadores de la provincia de Guatemala y a la Real Audiencia desde su fundación, que ilustran el lento y complejo proceso que llevó a las *Leyes Nuevas*. El profesor Chinchilla Aguilar reproduce el capítulo II de esas *Leyes* en el tomo II de su importante *Historia de Centroamérica: Blasones y heredades* (Guatemala: Editorial "José de Pineda Ibarra" del Ministerio de Educación, 1975. "Seminario de Integración Social Guatemalteca", Publicación Nº 35), pp. 231-241.

nes y estragos, ensangostandoselos mucho, y algunas vezes mudandoselos del todo, dexando a ellos muy aborrescidos & infames. De los vnos y de los otros vera V.A. assaz exemplos en las historias que leyere. Y como no ay cosa estable ni perpetua en el reyno sino la que esta atada con ligaduras de christiandad, sabiduria, justicia, verdad, fortaleza y prudencia" (pp. 154-155).

De los unos y de los otros: Esto es, de Alvar Núñez y los suyos / de los de Martínez de Irala y su parcialidad.

El *yo* de los *Naufragios* es un *él* en los *Comentarios.* La primera empresa frustrada, y prácticamente sin testigos, permitirá el recurso testimonial. Pero la segunda frustración tiene otro carácter: ella amenaza con borrar un privilegio ganado por el reconocimiento del servicio significado en el relato de los *Naufragios,* y conferido sin duda porque la experiencia obtenida por A.N. en sus diez años entre los indios lo recomendaba como jefe de una empresa mayor. ¿Cómo justificar ahora este fracaso? La *Relación general* o probanza de 1545 no es suficiente, pues se trata entonces de un *yo* comprometido: es un mero descargo de acusaciones de mal gobierno, que incluso fueron sancionadas[14].

En los *Naufragios,* Alvar Núñez podía hablar de sí mismo, porque su acto de escritura no pretendía una reivindicación de derechos sino ese reconocimiento de su voluntad de servicio. De ahí el protagonismo que se despliega en el relato, y que le confiere su carácter narrativo, su rango de ficción. Este es un aspecto esencial del libro, y sobre el cual hay ya alguna bibliografía competente[15].

En los *Comentarios,* la transferencia de la escritura es un imperativo de la credibilidad. Es *otro* quien debe referir, justificar y exaltar las acciones de un

[14]También son inciertas las condiciones en que A.N. cumplió la sentencia dictada en su contra por el Consejo de Indias: las noticias de que disponemos son oscuras y contradictorias (cf. Serrano y Sanz, "Advertencia" al tomo II, pp. X-XI). Mi amigo Juan Durán Luzio me ha llamado la atención sobre el hecho revelador de que en 1556 todavía se debatiera la gestión de A.N. en varias cartas enviadas al Consejo de Indias y al Emperador. Véase "Río de la Plata. Gobernación de Domingo Martínez de Irala", en *Cartas de Indias.* Publícalas por primera vez el Ministerio de Fomento (Madrid: Imprenta de Manuel G. Hernández, 1877. Reimpresas en Biblioteca de Autores Españoles. Vol. 265. *Cartas de Indias,* tomo II, Madrid, Ediciones Atlas, 1974), pp. 569-633. La pieza XCIX es un notable documento de denuncia, muy cercano a los escritos contemporáneos del Padre Las Casas sobre la "destrucción de las Indias": Se intitula "Carta del clérigo presbítero Antonio D'Escalera al Emperador Don Carlos, refiriendo los atropellos cometidos con el gobernador Alvar Núñez Cabeza de Vaca, y los abusos ejecutados en los naturales del Río de la Plata. Asunción, 25 de abril de 1556". BAE, 1974, pp. 583-592.

[15]Cf. R.E. Lewis, *Loc. cit.,* pp. 686 y ss.

sujeto de la historia, de ese *él* distanciado por el narrador supuestamente objetivo, que se llama Pero Hernández, "a quien yo los encargué" ("estos *Comentarios*"), como se lee en el proemio, esa pieza a la que es necesario volver para entender las razones de la inclusión de los dos textos en un solo volumen, que pareció tan natural a los miembros del Consejo real en 1555.

Pero las vueltas de la fortuna, allá y aquí, son la totalidad de esta experiencia vivida bajo el signo del providencialismo. En los *Naufragios*, tal signo se manifiesta en los poderes conferidos por Dios a Alvar Núñez: "...dixeron que aquel que estaua muerto e yo auia curado, en presencia dellos se auia leuantado bueno y se auia passeado y comido e hablado con ellos..." (Cap. xxii, p. 83); en los *Comentarios*, en momentos del relato que, insisto, aunque escritos por Pero Hernández, suponen la autoría de Alvar Núñez. Por ejemplo, en el Capítulo ii, en el cual un narrador incluido —de presencia irregular en el texto y por lo mismo reveladora— cuenta lo que sigue:

> ...Y al quarto dia, vn hora antes que amanesciesse acaescio vna cosa admirable, y porque no es fuera de proposito la porné aquí, y es que yendo con los nauios a dar en tierra en vnas peñas muy altas, sin que lo viesse ni sintiesse ninguna persona de los que venian en los nauios, començo a cantar vn grillo, el qual metio en la nao en Cadiz vn soldado que venia malo, con deseo de oyr la musica del grillo, y auia dos meses y medio que nauegauamos y no lo auiamos oydo ni sentido, de lo qual el que lo metio venia muy enojado. Y como aquella mañana sintio la tierra començo a cantar y a la musica del recordó toda la gente de la nao y vieron las peñas, que estauan vn tiro de vallesta de la nao, y començaron a dar boces para que echassen anclas porque yuamos al traues a dar en las peñas, y assi las echaron y fueron causa que no nos perdiessemos; que es cierto si el grillo no cantara nos ahogaramos quatrocientos hombres y treynta cauallos. Y entre todos se tuuo por milagro que Dios hizo por nosotros. Y de ay en adelante, yendo nauegando por mas de cien leguas por luengo de costa, siempre todas las noches el grillo nos daua su musica... (pp. 160-161).

Ese párrafo de los *Comentarios* —de estilo narrativo tan próximo al de los *Naufragios*— se cierra con un abrupto cambio de tono: "Y llego allí a veynte y nueue dias del mes de Março de mil y quinientos y quarenta y vno. Esta la ysla de Sancta Catalina en veynte y ocho grados de altura escasos".

Tono que concuerda a su vez con la única nota sobre ese día que registra, en forma escueta, el apartado ii de la *Relación general*: "A beynte nueve dias del meç de março del año passado de mil é quinientos é cuarenta é un años llegue con mi armada á la ysla de Santa Catalina, questá en beynte é ocho grados en la costa del Brasil" (p. 3).

Mi recorrido por los textos de A.N. sugiere que los *Naufragios* y los *Comentarios* constituyen una unidad literaria, desarrollada con diversas estrategias escriturales por un mismo autor: en el segundo caso se trata de una escritura transferida.

El cotejo esbozado en páginas anteriores entre la *Relación general* de 1545 y los *Comentarios*, atendidas las diferencias de los discursos y, por lo tanto, sus cercanías y distancias, podría mostrarse como una prueba efectiva para verificar tal hipótesis desde un mirador más amplio.

De todas maneras, esta verificación supone una tarea previa: la edición rigurosa de los textos de Alvar Núñez, a partir del punto alcanzado en 1906 por las estimables publicaciones de M. Serrano y Sanz.

2. Los *Memorabiles* de Juan Rodríguez Freyle

P ARA DESIGNAR las numerosas narraciones incluidas en *El carnero*, que revelan la proliferante actividad escritural de Juan Rodríguez Freyle, su proclividad a solidificar situaciones destinadas no tanto a entretener como a ejemplificar formas de conducta, a aleccionar moralizadoramente, se ha acuñado el nombre de *historielas*. El término, propuesto por Óscar Gerardo Ramos[1], ha tenido cierta fortuna crítica, porque en la fusión implicada recoge la perplejidad que producen a menudo esos relatos: ellos se fundan en la historia, pero no se limitan a ser meros informes de lo real concreto, de lo efectiva o presumiblemente acaecido, sino que en su desarrollo incorporan recursos propios de lo narrativo, tal como tendemos a recibirlo de manera natural. Contribuye a ese efecto la atracción de conocidos procedimientos y tópicos retóricos, como posibilidades amplificatorias. También la minuciosidad, a veces excesiva, en la presentación de los protagonistas y antagonistas: sus orígenes; sus condiciones morales; el puesto con frecuencia importante que han tenido en la sociedad colonial de los cien años historiados (1538-1638): gobernadores, visitadores, oidores, dignidades eclesiásticas, damas, encomenderos, miembros del ejército. Son pues, en general, personalidades que, por azar de las circunstancias, se ven enfrentadas a situaciones más o menos complejas que se resuelven jocosamente (el sacerdote que engaña al demonio), o en la dimensión de la picardía (Juan Roldán, Alguacil de la corte), o trágicamente, y suelen culminar en estos casos con el castigo y la muerte. La referencia a momentos anteriores a la colonia da lugar a algún relato que ilustra ritos y costumbres indígenas (el del indio dorado, por ejemplo).

El carácter de tales situaciones ha llevado a ver en ellas un designio ficcionalizante, por el que se leen como gérmenes del cuento, o como cuentos sin más, y a ser incluidas en tal sentido en estudios y colecciones antológicas, desprendiéndolas de su contexto con una legitimidad que su forma autoriza. Se suele

---

[1] Óscar Gerardo Ramos, *"El carnero. Libro de tendencia cuentística". Boletín Cultural y Bibliográfico.* Banco de la República, Biblioteca Luis-Angel Arango, Bogotá-Colombia, Vol. IX, N° 11, 1966, pp. 2178-2185. También como prólogo a la edición de Medellín-Colombia, Bedout, s/f., con el título "*El carnero. Libro único de la Colonia".* pp. 31-46. Mis citas de Ramos y del texto de Rodríguez Freyle proceden de esta edición.

anteponer entonces a estos relatos un título, que por cierto no aparece en la crónica original, pero que resume de algún modo la anécdota. Ramos cataloga y denomina como *historielas*

> Veintitrés narraciones, con estilo de cuento, [que] constituyen el eje de *El Carnero*. Si se las llama historielas, en vez de cuentos, es porque no son rigurosamente historias, ni leyendas, sino hechos presumibles de historicidad, tal vez tejidos con leyendas y matizados por el genio imaginativo del autor que toma el hecho, le imprime una visión propia, lo rodea con recursos imaginativos y, con agilidad, le da una existencia de relato corto. En este sentido pues, las historielas se asemejan al cuento; son, por tanto, precursoras del cuento hispanoamericano, y Rodríguez Freyle, como historielista, se acerca a la vocación del cuentista[2].

Esta vacilante descripción, que afirma y atenúa lo que afirma, delata más que nada una dificultad, una insuficiencia que abre el camino para la inclusión de otros relatos en el marco propuesto (hay algunos menores, dice más adelante Ramos) o para su reducción; y ambas decisiones podrían juzgarse como caprichosas. Subrayemos además este agregado de Ramos: que estas historielas "podrían ser publicadas casi como un libro de cuentos coloniales, y podrían editarse independientes del relato histórico y de las reflexiones morales"[3]. Proyecto plausible; pero a condición de examinar previamente estas llamadas *historielas* y de intentar definir con alguna propiedad su estructura. ¿Será un caso singular en la literatura hispanoamericana? ¿Y en la literatura en general? *El carnero* puede serlo por varias razones; pero no estoy convencido de que lo sea sólo o fundamentalmente por la actividad del *historielista*. ¿Se tratará, en rigor, de formas extrañas a la tradición? ¿Existirá una posibilidad de codificar esas estructuras y reenviarlas, si fuera necesario, a un lugar donde ellas se integren con mayor plenitud, porque participan de rasgos comunes con otras producciones; un espacio donde también haya —como se sugiere en un título que me parece muy feliz en este *Symposium*[3bis]— alguna compañía para Rodríguez Freyle?

Porque *sustancialmente* este libro, que declara desde su título una actitud de cronista (*Conquista y descubrimiento del Nuevo Reino de Granada de las Indias occidentales del mar océano y fundación de la ciudad de Santa Fe de Bogotá*), no difiere demasiado, en esencia, de otras crónicas sobre América, anteriores o contem-

[2]Ramos, p. 34.

[3]Ramos, p. 35.

[3bis] Me refiero al trabajo leído por el profesor Luis Monguió en el *Symposium* sobre Sor Juana Inés de la Cruz (1982), titulado *"Compañía para Sor Juana. Mujeres cultas en el Virreinato del Perú"*.

poráneas. Examínese la elaboración de ciertos tópicos, como la dedicatoria —sorprendentemente próxima a la de *La Araucana*—; el exordio, la conclusión de las partes y del todo, considerando las excelentes y abarcadoras exégesis realizadas por Cedomil Goić a propósito de Ercilla en estos aspectos, y muy aplicables a textos cronísticos[4] (las formas que asume en Ercilla el tópico conclusivo del cansancio del escritor y del lector para cerrar varios cantos, ocurre por lo menos cuatro veces en finales de capítulo en *El carnero*[5]). O, desde otro punto de vista, ténganse en cuenta las características de la enunciación en el discurso histórico que analiza Roland Barthes[6] (los *shifters* o embragues de escucha, los de organización del discurso, o los signos que mencionan a los protagonistas de la enunciación: destinatario y destinador, etc.), tan advertibles aquí como en Bernal Díaz del Castillo, Alvar Núñez Cabeza de Vaca, el Inca Garcilaso de la Vega, el Padre Alonso de Ovalle, entre otros.

Sorprenderíamos en estos exámenes —qué duda cabe— apreciables diferencias de grado; pero no de sustancia. Las llamadas *historielas* hacen una diferencia, pero me parece que la hacen sobre todo por su abundancia y por sus peculiaridades expresivas; no por una condición estructural *sui géneris*. ¿O no será también una *historiela* "el suceso de Pedro Serrano", inserto en el libro primero de los *Comentarios reales*? Alberto Escobar —que ya sugería en 1956 la necesidad de investigar la singularidad de las formas de relato incorporadas en las crónicas— seleccionó ese episodio, junto a varios otros textos similares, en su libro *La narración en el Perú*[7].

Cito las palabras con que el Inca cierra el suceso de Pedro Serrano:

Todo este cuento, como se ha dicho, contava un cavallero que se dezía Garcí

---

[4]Cedomil Goić, "Poética del exordio en *La Araucana. Revista Chilena de Literatura*, Universidad de Chile, Departamento de Español, Nº 1. Otoño 1970, pp.5-22, y "La tópica de la conclusión en Ercilla", *Revista Chilena de Literatura*, Nº 4, Otoño 1971, pp. 17-34.

[5]Cap. xii: "Y con esto vamos a otro capítulo, que este nos tiene a todos cansados", p. 193; Cap. xiv: "...y yo también quiero descansar", p. 230; Cap. xvi: "...este capítulo ha sido largo y estará el lector cansado, y yo también de escribirlo", p. 265; Cap. xix: "...adonde le dejaremos hasta el siguiente, porque descanse el lector y yo, el necesitado", p. 322.

[6]"El discurso de la historia", en Roland Barthes y otros. *Estructuralismo y literatura*. Selección de José Sazbón (Buenos Aires: Ediciones Nueva Visión, 1970), pp. 35-50.

[7]"Aunque es cierto que el ambiente cultural de la colonia estuvo teñido por un espíritu medroso para la creación y mejor dispuesto para el panegírico y la celebración ociosa, es menester descubrir en las obras de la época, conforme son, y no empece los defectos que representan, las maneras de que se vale la narración para reaparecer en este período, o dicho con otras palabras, el modo como es utilizada y transformada la forma narrativa". *La narración en el Perú*. Estudio, antología y notas por Alberto Escobar (Lima, Perú: Editorial Letras Peruanas, 1956), p. xiii. (Hay segunda edición: Lima-Perú: Librería-Editorial Juan Mejía Baca, 1960).

Sánchez de Figueroa, a quien yo se lo oí, que conosció a Pedro Serrano y certificaba que se lo havía oído a él mismo...[8].

Pienso además en ciertas situaciones narradas por Cabeza de Vaca en sus *Naufragios*: por ejemplo, en la tormenta descrita en el Capítulo I donde, después de muchas horas de terror, dice: "... metímonos por los montes; y andando por ellos un cuarto de legua de agua hallamos la barquilla de un navío puesta sobre unos árboles...". Germen narrativo en el que nada caprichosamente más de algún crítico ha visto una incitación imaginativa para que García Márquez, "poniendo hipérbole sobre hipérbole [situara] un galeón español en medio de la selva suramericana"[9].

Volvamos entonces a esas situaciones narrativas de *El carnero*, cuyo estatuto formal aparece tan poco claro para el lector, y en las que lo único que no ofrece dudas es su naturaleza de relatos. Insisto en que hay muchas situaciones más que las que han solido catalogarse, porque sólo están esbozadas: son anécdotas o sucedidos brevemente dichos, que podrían haber sido desarrollados por el escritor y que si no lo fueron —esa era una opción en todo caso— se debe tal vez a que los estimó poco propicios para su finalidad aleccionadora o porque le parecieron, del modo como los dejaba, una lección suficiente.

Que para Rodríguez Freyle el designio de su escritura era la crónica histórica se puede probar de muchas maneras (remito otra vez al iluminador estudio de Roland Barthes, tan pertinente en este punto). Aunque la verdad es que no hace mucha falta salir de un texto en el que ese empeño se reitera desde el prólogo:

> Y volviendo a mi propósito digo, que aunque el reverendo fray Pedro Simón, en sus escritos y noticias y el padre Juan de Castellanos en los suyos trataron de las conquistas de estas partes, nunca trataron de lo acontecido en este Nuevo Reino, por lo cual me animé yo a decirlo; y aunque en tosco estilo, será la relación sucinta y verdadera, sin el ornato retórico que piden las historias, ni tampoco lleva raciocinaciones poéticas, porque sólo se hallará en ella desnuda la verdad, así en los que le conquistaron como en casos en él sucedidos, para cuya declaración y ser mejor entendido tomaré de un poco atrás la corrida...[10].

[8]*Comentarios reales de los Incas*. Edición al cuidado de Ángel Rosenblat, tomo I (Buenos Aires: Emecé Editores, S.A., 1943), Cap. VIII, p. 29.

[9]Cf. Leonardo Acosta, *Música y épica en la novela de Alejo Carpentier* (La Habana, Cuba: Editorial Letras Cubanas, 1981), p. 125.

[10]Rodríguez Freyle, p. 50.

Y ya en el relato mismo, al establecer un distingo entre el cronista que es él y los poetas y pintores:

> ...y pues los casos pasaron en audiencias públicas y en cadalsos públicos, la misma razón me da licencia que lo diga, que peor es que lo hayan hecho ellos que lo escriba yo; y si es verdad que pintores y poetas tienen igual potestad, con ellos se han de entender los cronistas, aunque es diferente, porque aquéllos pueden fingir, pero a éstos córreles obligación de decir verdad, so pena del daño de la conciencia[11].

Y pocas líneas más adelante, en una de esas reiteraciones que sí son peculiares en su sistema expresivo, esta vez al apuntar un anacronismo que advierte en Virgilio:

> Este fingió, y los demás poetas hacen lo mismo, como se ve por sus escritos; pero los cronistas están obligados a la verdad. No se ha de entender aquí los que escriben libros de caballerías, sacadineros, sino historias auténticas y verdaderas, pues no perdonan a papas, emperadores y reyes, y a los demás potentados del mundo; tienen por guía la verdad, llevándola siempre. No me culpe nadie si la dijere yo, para cuya prueba desde luego me remito a los autos, para que no me obliguen a otra...[12].

Señalo de paso que es este *designio de verdad* una de las razones que explican la proliferación de los centros de interés en el relato, y la frecuencia de sus deslizamientos; ocurren varias cosas al mismo tiempo, y la prelación de unas respecto de otras es un problema para el cronista. En efecto, se desliza, por así decirlo, hacia una situación mientras ocurre otra, que debe suspender para retomarla a veces más adelante. Prefiero describir aquí ese proceso con palabras de Bernal Díaz del Castillo, para evitar otras insistencias probatorias:

> Y porque en un instante acaecen dos y tres cosas, así en nuestro real como es este tratar de paces, y por fuerza tengo de tomar entre manos lo que más viene al propósito, dejaré de hablar en los cuatro indios principales que envían a tratar las paces, que aún no han venido por temor de Xicotenga. En este tiempo fuimos con Cortés a un pueblo junto a nuestro real, y lo que pasó diré adelante[13].

---

[11]Rodríguez Freyle, pp. 172-173.

[12]Rodríguez Freyle, p. 173.

[13]*Historia verdadera de la conquista de la Nueva España*. Introducción y notas por Joaquín Ramírez Cabañas, tomo I (México, D.F.: Editorial Azteca, S.A., 1955). Cap. LXVII, pp. 237-238.

O en otro lugar del mismo Bernal:

> Y dejémosle de la manera que he dicho [a Francisco de Lugo], y con gran peligro, y volvamos al capitán Pedro de Alvarado, que parece ser había andado más de una legua y topó con un estero...[14].

Se trata, pues, de un procedimiento frecuente en la crónica, que registra la imposibilidad —real— de la escritura para capturar la multiplicidad del acontecer. De esto se desprenden consecuencias importantes, teóricamente explicables como embragues de organización del relato histórico, según lo estudiado por Barthes.

Declarado propósito cronístico e histórico, entonces, como hemos dicho. Las situaciones narrativas en *El carnero* no escapan por cierto a él: puesto que están allí para ilustrar lo real, para intensificarlo, para presentar el todo como un suceso vivo. No persiguen la invención, por más que al separarlas del contexto se nos ofrezcan como *un recorte*, pasible de ser visto y leído como forma autónoma.

¿Pero de qué forma se trata en esos casos, y bajo el dominio de qué actividad mental se realizan?

Me parece encontrar una respuesta para este problema morfológico en el sugerente libro que André Jolles dedicó al examen de *Las formas simples* (publicado en 1930). La indagación de Jolles —tan fecunda para las investigaciones literarias, como lo apuntó en su oportunidad Wolfgang Kayser— se centra en

> aquellas formas que también han surgido del lenguaje, pero que parecen prescindir de esta sólida base que, hablando gráficamente, con el tiempo se ubica en otro estado de agregación: aquellas formas que no se encuentran incluidas ni en la estilística, ni en la retórica, ni en la poética, ni tal vez en la "escritura", las que, aunque pertenecen al arte, no llegan a ser obras de arte, las que, aunque poéticas, no son poemas; dicho brevemente, aquellas formas que suelen designarse con los nombres de *Hagiografía, Leyenda, Mito, Enigma, Sentencia, Casus, Memorabile, Märchen o Chiste*[15].

Al analizar la forma que él denomina *Memorabile* —traducción latina de la palabra griega *Apomnemeneuma* con que Jenofonte tituló su libro sobre Sócrates, no para presentar esa personalidad según una apreciación subjetiva, sino para hacerla surgir del *acontecimiento* "tal como se había grabado en su memoria",

---

[14]*Ibídem*, Cap. xxxii, p. 132.

[15]André Jolles, *Las formas simples*. Traducción de Rosemarie Kempf Titze (Santiago de Chile: Editorial Universitaria, 1972), p. 16.

André Jolles llega a determinar cuál es la actividad mental que engendra al *Memorabile*. La define como "actividad mental de lo real y verdadero". Entre sus concluyentes ejemplos —examinados con una finura magistral— se encuentra un comunicado de prensa que relata el suicidio de un consejero de comercio. Jolles advierte que, como suele ocurrir con esas noticias, ésta no se limita simplemente a informar, sino que contiene pormenores. Y esos pormenores no son, desde luego, de índole literaria, no fueron elegidos libremente por el autor; tampoco fueron ideados: "fueron extraídos del transcurso concreto del acontecimiento, es decir, son históricos". Pero, aunque el hecho subordinante y los pormenores son históricos —agrega Jolles— no están ni en relación causal, ni en relación de prueba: están colocados uno al lado del otro para destacar en el desarrollo del suceso el hecho subordinante; para realzarlo por el efecto de las oposiciones, y estructurarlo de modo que se imponga al interés del lector: los pormenores se disponen en ese caso de tal manera que "aislados de sus relaciones y en su totalidad, destacan el sentido del acontecimiento, explicando, examinando, comparando y oponiendo"[16].

El mismo tipo de procedimiento descubre Jolles en el relato de un hecho de la historia de los Países Bajos: el asesinato del Príncipe de Orange, Guillermo I, el taciturno, ocurrido en 1584, según el fragmento pertinente que extrae del libro de P.J. Block. También aquí lo que leemos son exclusivamente hechos históricos: "las comunicaciones provienen de testigos que presenciaron el hecho, del asesino mismo y de las actas del proceso. Sin embargo, nos damos cuenta que no nos encontramos frente a un mero informe de protocolo"[17].

Porque junto al hecho subordinante —el asesinato— se encuentran pormenores diversos, seguramente históricos, que se incluyen para realzar, de una manera especial, lo subordinante. En el texto de Block funcionan como procedimientos de retardación, por ejemplo, o cumplen otras tareas dentro del todo, "ya que explican y examinan el acontecimiento mediante la comparación y la oposición". Algunos de esos pormenores históricos carecen en efecto de relevancia, pero todos contribuyen a hacer que "el acontecimiento fluyente" cuaje en tales lugares "y [sea] cogido por la lengua allí donde se solidifica, y allí es donde se convierte en forma literaria"[18].

Insiste Jolles en que lo que recogíamos en esos *recortes* de una totalidad era "algo que se había recortado por sí solo en la historia, algo que dentro del suceso o acontecimiento histórico se había condensado, solidificado, había adquirido forma"[19].

[16]Jolles, p. 185.
[17]Jolles, p. 187.
[18]Jolles, p. 190.
[19]Jolles, pp. 190-191.

Tanto el *memorabile* del suicidio como el del asesinato no contienen nada que dentro del acontecimiento no sea auténtico; pero a la vez, de la serie de hechos coordinados surge una autenticidad subordinante a la cual se refieren los detalles llenos de sentido. "De hechos libres —anota Jolles— se realizó una autenticidad íntimamente relacionada con los pormenores"[20].

Si muchos de los elementos que crecen aisladamente, crecen unidos en un punto donde se pueden observar tanto los pormenores como el conjunto, entonces el proceso se manifiesta como *concreción*. En el *Memorabile* se da en forma continua lo concreto, y lo que se concreta no es sólo la autenticidad subordinante a la que se refieren los pormenores, sino que se concreta también todo lo particular referido y por *estar referido* (en el griego antiguo, en efecto, el sentido literal de la palabra en que piensa Jolles era "estoy conservando en la memoria", y en su desarrollo llegó a significar *Memorias*: lo conservado en ella y puesto por escrito[21].

Estas observaciones llevan a Jolles a afirmar que si lográramos demostrar hasta dónde se halla arraigada la actividad mental de lo real en la vida del hombre moderno, veríamos que ninguna forma es tan corriente como el *Memorabile*. Porque, y estas son sus palabras, "allí donde el mundo se ha concebido como un conjunto o sistema de autenticidades, allí se ha utilizado el *Memorabile* para separar, diferenciar y concretar aquel mundo indiferenciable"[22].

Importa retener otros dos datos apuntados por Jolles a este respecto: 1° que "en cuanto lo real llega a ser concreto, llega a ser verosímil", y 2° que "para la actividad mental en que se concreta lo real, la verosimilitud es decisiva". Por eso, "allí donde el acontecimiento no desemboca en el *Memorabile*, donde no se trata de una real desgracia que ha de llegar a ser concreta, sino de una desgracia nacida de la fuerza [fundante] de la imaginación", ese acontecimiento, para ser verosímil, se expone de la misma manera que en el *Memorabile*, y se rodea de pormenores semejantes que se depositan significativamente del mismo modo con respecto a él y entre sí. Y esto, finaliza Jolles, "puede ir tan lejos que —como es el caso de la literatura moderna— apenas sentimos la diferencia entre esta forma referida *Memorabile* y la forma artística *Novelle*"[23].

Me he detenido —tal vez con algún exceso— en el comentario y la glosa y la cita de las ideas de Jolles, porque advierto que por ese camino se puede llegar a establecer que ciertas manifestaciones del relato —como las contenidas en *El carnero* y en las obras de otros cronistas (e incluso aquellas que son narraciones

---

[20]Jolles, p. 192.
[21]Debo esta precisión etimológica a mi amigo Rigas Kappatos.
[22]Jolles, p. 195.
[23]Jolles, pp. 196-197.

testimoniales, esas novelas contemporáneas cuyo fundamento resultar ser verificable en mayor o menor grado, como me lo señala oportunamente Jaime Giordano)— no son en nada ajenas a una actividad que no sólo es consustancial a la dinámica del recuerdo sino que incluye o puede incluir lo oído, lo espectado, lo vivido, en una escritura en la cual se han plasmado siempre como *forma*, y que esa forma es, o sería, la del *Memorabile*.

Para ilustrar el orden de lo que puede entenderse al mismo tiempo como relación y distanciamiento entre productos en apariencia tan cercanos y en esencia, sin embargo, tan profundamente diferenciados por su motivación y por el sustento de la actividad que los genera —lo real y lo imaginario en cada caso—, propongo un rápido acercamiento comparativo de dos *Memorabiles* de Rodríguez Freyle con dos instancias novelísticas de García Márquez:

1. Uno de los *Memorabiles* más sugestivos y reveladores de una situación frecuente en la sociedad colonial, concretados en *El carnero*, es aquel en que se desarrolla la historia de los libelos o pasquines difamatorios contra personajes de la Real Audiencia, en 1578, y que dio lugar a investigaciones y juicios que culminaron con la ejecución de Juan Rodríguez de los Puertos. Condena injusta, como indica Rodríguez Freyle veinte páginas más adelante de ese relato, cuando se puntualiza que el verdadero autor de esos libelos había sido el oidor Andrés Cortés de Mesa, quien lo declara al ser a su vez ajusticiado por otra causa criminal, en 1581. (Agrego aquí que esta práctica delictual del libelo o pasquín fue abundante en la época, no sólo en Nueva Granada sino también en otros lugares, como se sabe por varias tradiciones de Ricardo Palma y por una extensa documentación historiográfica relativa a los siglos xvii y xviii. Pero esto es otro asunto[24]).

Compárese ese hecho y sus consecuencias trágicas —en este caso, reales—, que Jolles definiría como acontecimiento subordinante, con el que lo es también en la novela *La mala hora* de García Márquez; pero ahora en un espacio imaginario y originado por una actividad mental de naturaleza igualmente imaginativa.

---

[24]Cf. Ricardo Palma, *Tradiciones peruanas completas*. Edición y prólogo de Edith Palma (Madrid: Aguilar, 1957); "Pasquín y contrapasquín", pp. 136-137; "Los pasquines del bachiller *Pajalarga*", pp. 151-156, y "Los pasquines de Yauli", pp. 696-698. Sobre el tema, Emilio Carilla remite también a Manuel Mendiburu, *Apuntes históricos* (Lima, 1902) y al P. Rubén Vargas Ugarte, *Nuestro Romancero* (Lima, 1951 [y 1958]), en su "Introducción a Alonso Carrió de la Vandera ("Concolorcorvo"), *El lazarillo de ciegos caminantes*. Edición, prólogo y notas de Emilio Carilla (Barcelona: Editorial Labor, S.A., 1973), pp. 78-79, especialmente nota 56.

2. El segundo acercamiento que propongo en pocas líneas es el suceso —también trágico— en que se ve envuelto el maestro de danza y música Jorge Voto. La descripción de este complicado *Memorabile* —complicado por la multiplicidad de los enredos amorosos, picarescos y finalmente lamentables que lo constituyen— nos llevaría algún espacio; pero para nuestro propósito bastará retener que esos menudos y a ratos no tan menudos enredos culminan con el asesinato de Jorge Voto. La perspectiva —moral— del relato de Rodríguez Freyle se traduce en un juicio condenatorio de todos los hechos —el subordinante y sus pormenores—: la condición de seductor del maestro de danza, su cinismo, su carácter criminal, la infidelidad femenina; también para el castigo final, lo que abre el paso a una moraleja, establecida en la reflexión que censura las conductas desarregladas. De cualquier modo, las oposiciones *culpa/sanción; felicidad (engañosa)/tragedia (verdadera)* se intensifican por obra de los pormenores que se acumulan, se contrastan, se desplazan y condensan.

En *Cien años de soledad*, y mediante las operaciones imaginarias que celebramos en García Márquez, otro maestro de danza —igualmente llegado de lejos a Macondo—, se nos aparece de pronto como una especie de anti Jorge Voto: a la amoralidad del personaje colonial se opone la bondad de Pietro Crespi, a quien sus amores contrariados conducen también a la muerte (en este caso es un suicidio). Los torcidos tratos amorosos de Voto suscitan esta generalización de Rodríguez Freyle: "La hermosura es un don dado de Dios, y usando los hombres mal de ella se hace mala"[25]; la muerte de Pietro Crespi hace decir a Ursula, concretando la situación imaginaria, cuando el padre Nicanor se niega a autorizar la sepultura del suicida en tierra sagrada: "De algún modo que ni usted ni yo podemos entender, ese hombre era un santo. […] Así que lo voy a enterrar, contra su voluntad, junto a la tumba de Melquíades"[26].

(No especularé sobre un detalle, que sin duda no es más que una coincidencia; pero no quiero tampoco dejar de anotar que en mi lectura de dos modos de la actividad mental, descritas por Jolles y tan claramente plasmadas en los dos libros colombianos que reúno en estos últimos párrafos, me ha visitado a menudo la idea de que los cien años justos de historia e intrahistoria que registró Rodríguez Freyle son, en más de un sentido, los cien años de soledad

---

[25]Rodríguez Freyle, p. 151.
[26]*Cien años de soledad* (Buenos Aires: Editorial Sudamericana, 1967), p. 99. Insisto en que no estoy sugiriendo una relación de fuentes, irrelevante para el propósito de estas notas. Por otra parte, advierto que Plinio Apuleyo Mendoza señala el modelo real de Pietro Crespi, en sus conversaciones con García Márquez (*El olor de la guayaba*, Barcelona: Bruguera, 1982, p. 13), aunque esa puntualización tampoco es significativa para distinguir las actividades mentales y las formas que, según Jolles, originan.

que escribió García Márquez: esos otros cien años que no podían escribirse de la misma manera).

Nota Final

Acaso contagiado por la proliferación de la palabra característica del autor que me ocupa, y por su afán de no dejar afuera ningún pormenor de los que asaltaban su memoria (de llenar un espacio para conjurar el *horror vacui* que se ha visto como una motivación central en los escritores del barroco), yo también temo haberme referido a demasiadas y diversas cosas, al formular así mi hipótesis en una sola y tan limitada exposición. No se me escapa que esto es un inconveniente, y hasta una descortesía; pero si de estas observaciones surgen posibilidades clarificadoras para un complejo y difuso problema morfológico, como es el que nos presenta *El carnero*, y esta propuesta es recibida no como una mera cuestión sustitutiva de palabras: historielas, o cuentos coloniales, o casi cuentos, por *Memorabiles* —o *Kasus*, que es otra de las formas simples estudiadas por Jolles[27] y a la que también habría que atender—; en suma, como una invitación a un esfuerzo común por definir el carácter de una forma, el exceso de citas y menciones que hay en estas páginas podría, tal vez, justificarse.

[27]Jolles, pp. 157-181. En la página 164 se lee esta sugerente observación acerca de la génesis del *Kasus*: "...en la actividad mental que se representa al mundo como algo que puede juzgarse y valorarse según normas, no sólo las acciones se miden por normas, sino que trascendiendo todo ello, se valora progresivamente norma contra norma". Jolles examina en seguida la función de los elementos *agregados* en el *Kasus* y la importancia que tiene el hecho de que ellos sean mutables (*Vid.* p. 165 y ss.). Todo esto puede reorientar la lectura de algunos de los *casos* narrados por Rodríguez Freyle. Me limito a adelantar que con frecuencia en *El carnero* "la forma surge de una medida de valoración de las acciones".

3. Relectura de *Los raros*

A Gonzalo Rojas,
que hace veinte años nos invitaba
a releer Los raros

E STE ANUNCIO es, sin duda, excesivo. Me apresuro, pues, a circunscribir mi objeto y a justificar una exposición fundada en el despliegue de una teoría de citas destinadas a verificar tres observaciones básicas. El título que ampara estas notas servirá en el futuro para desarrollar otras (contextuales, estilísticas, histórico-literarias o de doctrina estética) que por ahora debo omitir.

I. La oposición como principio de coherencia en *Los raros*

Contrariamente a lo que algunos críticos han sostenido[1], veo en *Los raros* una obra que no carece en absoluto de coherencia, rasgo al que el propio Darío pareció atender de manera cada vez más consciente, a juzgar por sus declaraciones en el prólogo-dedicatoria de la primera edición, en la respuesta a Paul Groussac, en el breve prólogo autocrítico a la segunda edición —al que hace algún eco el "Prefacio" a *Cantos de vida y esperanza*, que es del mismo año—, en la

---

[1] "*Los raros* no es [...] un sistema coherente, sino una colección de ensayos escritos en una prosa de admirable belleza". Ludwig Schrader, "Rubén Darío, crítico literario en *Los raros*". En Instituto Internacional de Literatura Iberoamericana, *El ensayo y la crítica literaria en Iberoamérica*. Memoria del XIV Congreso Internacional de Literatura Iberoamericana. Edición al cuidado de Kurt L. Levy y Keith Ellis, Toronto, Canadá, Universidad de Toronto, 1970, p. 99. Menos tajante, pero dubitativo, Arturo Torres-Rioseco escribe: "...convendría eliminar de esta clasificación a Nordau, a Martí y a Eugenio de Castro. Los demás fueron "raros", ya sea por su arte o por su vida, aunque algunos hayan dejado de serlo ante nuestro juicio contemporáneo". *Ensayos sobre literatura latinoamericana*, Berkeley and Los Angeles, University of California Press — México, D. F., Fondo de Cultura Económica, 1953. Cf. Cap. V: *Los raros*, p. 75. Emilio Carilla, que advierte con agudeza el sentido de la inclusión de Nordau, considera que la serie no se caracteriza por su homogeneidad. Véase el Capítulo V de su libro *Una etapa decisiva de Darío (Rubén Darío en la Argentina)*, dedicado al examen de *Los raros*: Madrid, Editorial Gredos, S. A., 1967, pp. 57-66. Un ejemplo extremo de desorientación se lee en un libro de Carlos Martín: "Como labor crítica, tales trabajos carecen de profundidad, son ocasionales, sin norma preconcebida, sin una construcción coherente, escritos al calor de las simpatías por sus poetas predilectos, la mayoría de ellos parnasianos y simbolistas franceses. Prima en ellos la emoción del momento, muchas veces de conformidad con oportunidades periodísticas o con motivo de conmemoraciones [...]. Son páginas que no dan lugar al análisis literario... *América en Rubén Darío. Aproximación al concepto de la literatura hispanoamericana*, Madrid, Editorial Gredos, S. A., 1972, p. 191.

Autobiografía y, sobre todo, al disponer la segunda edición en un orden nuevo y nada gratuito[2]. En los casos más significativos tal orden revela otra unidad más profunda y necesaria, que sobrepasa los principios generales proclamados en los prólogos y en las notas mencionados, y permite reconocer vinculaciones que realmente importaban en el sistema de preferencias del autor. La contigüidad opera así en el sentido de la intensificación que comprueba supuestos anteriores, al insistir en ellos y a menudo ampliarlos a través del examen de la vida y la obra de un nuevo personaje. Se teje de este modo un entramado en el cual todas las líneas van a desembocar siempre en esa oposición primaria que Darío define como "el amor a la divina belleza, tan combatido hoy por invasoras tendencias utilitarias". Esta cita procede de la nota introductoria a la primera edición, cuyo estudio inicial es "Leconte de Lisle". La inclusión de Leconte de Lisle después de ese prólogo no era azarosa, si se atiende a la excelencia que Darío atribuye a este escritor y que ya había exaltado en el "medallón" de 1890[3]. Ahora, con motivo de su muerte (1894) lo califica como "pontífice del Parnaso", "Vicario de Hugo".

En la segunda edición desaparece aquel prólogo y se altera el orden del libro, pero el fundamento contrastivo se mantiene y se afirma por obra de la siguiente operación: Darío incorpora en primer término un comentario sobre *El arte en silencio*, de Camille Mauclair, que resume su propia postura y puede entonces reemplazar con ventaja a su prólogo, y sitúa a continuación las páginas sobre Poe. En efecto, el libro de Mauclair coincide en más de un sentido con el propósito de *Los raros*, y también incluye un ensayo sobre el autor de *El cuervo*, que en el estudio que Darío pensaba ampliar[4], aparece como víctima de la

---

[2]Esas declaraciones aparecen reseñadas en un artículo de Juan Loveluck: "Nota sobre *Los raros*", publicado en la revista *Sin Nombre*, San Juan, Puerto Rico, Año I, Núm. 1, junio-septiembre 1970, pp. 31-36. El trabajo de Loveluck resuelve, además, el problema bibliográfico de las dos primeras ediciones: Buenos Aires, 1896, y Barcelona, 1905, que difieren en la disposición y en el número de escritores incluidos por Darío (diecinueve y veintiuno, respectivamente). Mis referencias a *Los raros* remitirán al tomo II de las *Obras completas* de Rubén Darío: Madrid, Afrodisio Aguado, S. A., 1950, según esta abreviatura: O. C., II.

[3]"En *Azul...*, desde la segunda edición, publicada en Guatemala.

[4]En la primera edición, todos los ensayos —excepto la semblanza de Leconte de Lisle— aparecen precedidos por breves menciones o apelativos a modo de encabezamientos. Darío los suprimió en la segunda, y sólo conservó algo de esa modalidad en el caso de Poe. En la edición de 1896 se lee: "XVI. Fragmento de un libro futuro" [p. 175], y luego "Edgar Allan Poe" [p. 177]; en 1905 se observa la siguiente variación: "Edgar Allan Poe. Fragmento de un estudio". Es un detalle, sin duda, pero no carece de interés para verificar ciertas preocupaciones de Darío, de cuya constancia e intensidad da cuenta una serie de tres artículos publicados entre mayo y julio de 1913 en *La Nación* de Buenos Aires bajo el título "Edgar Poe y los sueños". Tiene razón E. Anderson Imbert al calificarlos de "notables" en su imprescindible libro *La originalidad de Rubén Darío*, Buenos Aires, Centro Editor de América

implacable lucha entre Ariel y Calibán o, en palabras de Mauclair que Darío recoge, "fenómeno literario y mental, germinado espontáneamente en una tierra ingrata"[5]. La contigüidad adquiere así particular relevancia en la medida en que un texto puntúa y comenta al otro; por lo mismo resulta coherente que el ensayo dedicado a Villiers de L'Isle Adam siga al de Verlaine, que lo ha incluido entre sus poetas Malditos, o que un mecanismo de atracción intelectual le lleve a adelantar una constancia de lo que él mismo debe a otros (la función de las citas por ejemplo), como en el caso de Lautréamont que sin duda conoció gracias a Leon Bloy[6].

Así es como las menciones frecuentes en los textos a uno y otro *raros* establecen un sistema de correspondencias pleno de sentido: el verso de Verlaine "La Edad Media enorme y delicada", que Darío introduce en los ensayos sobre Leconte de Lisle, Moréas, Fra Domenico Cavalca, fija una constante modernista —que legitima la inclusión de un escritor medieval entre los raros— pero más profundamente atrae el contraste del "indecoroso siglo xix" y "la atmósfera del prodigio" de los tiempos pasados[7].

Ahora bien: la oposición primaria —el artista rechazado en el mundo— ocurre en la mayoría de los textos y funciona como ley de estructura en cada caso, pero esa ley adquiere por lo menos otras dos dimensiones: una, más ancha y palmaria, sitúa agresivamente el libro frente al lector; pero la otra opera en el interior mismo de la obra, y esta es la que me interesa destacar. Se trata del ensayo sobre Max Nordau, que de modo muy intencionado precede al estudio sobre Ibsen en la segunda edición, y este reajuste efectuado por Darío en 1905 parece responder al mismo propósito que lo llevó a colocar el poema ¡*Torres de Dios! ¡Poetas!* después de *A Roosevelt* en *Cantos de vida y esperanza* (también de 1905). *Mutatis mutandis*, Nordau y Roosevelt pertenecen a la misma familia utilitarista y mezquina, si bien uno es el delirante doctor Bonhomet y el otro el

---

Latina, 1967. (Cf. p. 193, nota). Los artículos mencionados pueden verse ahora en *Escritos dispersos de Rubén Darío (Recogidos de periódicos de Buenos Aires)*. Estudio preliminar, recopilación y notas de Pedro Luis Barcia. Advertencia por Juan Carlos Ghiano. Tomo I, La Plata, Universidad Nacional de La Plata, Facultad de Humanidades y Ciencias de la Educación, 1968, pp. 319-331. La investigación de Barcia es de consulta indispensable para el estudio de *Los raros*.

[5] O. C., II, p. 251.

[6] Aldo Pellegrini subraya estas relaciones en el prólogo a su edición de las *Obras completas* de Lautréamont, donde además señala que el artículo de Darío es la primera referencia a *Los cantos de Maldoror* en idioma español. Véase el informado estudio de Pellegrini ("El conde de Lautréamont y su obra") en: Conde de Lautréamont (Isidore Ducasse). *Obras completas. Los cantos de Maldoror. Poesías. Cartas*. Introducción, traducción y notas de Aldo Pellegrini, Buenos Aires, Ediciones "Boa", 1964, pp. 9-66; sobre el aporte de Darío, p. 16.

[7] O. C., II, pp. 300 y 403, en los textos sobre Villiers de L'Isle Adam y Cavalca, respectivamente.

desaforado Cazador. Lo más significativo es que el paralelismo no termina allí: un acercamiento textual revela que el poema ¡Torres de Dios! ¡Poetas! se vincula de manera muy estrecha con el estudio sobre Ibsen, en la imagen del poeta que traza Darío y en el léxico con que la expresa. He aquí el conocido poema que cito *in extenso* para los efectos de la confrontación:

> ¡Torres de Dios! ¡Poetas!
> ¡Pararrayos celestes
> que resistís las duras tempestades,
> como crestas escuetas,
> como picos agrestes,
> rompeolas de las eternidades!
>
> La mágica esperanza anuncia un día
> en que sobre la roca de armonía
> expirará la pérfida sirena.
> ¡Esperad, esperemos todavía!
>
> Esperad todavía.
> El bestial elemento se solaza
> en el odio a la sacra poesía
> y se arroja baldón de raza a raza.
> La insurrección de abajo
> tiende a los Excelentes.
> El caníbal codicia su tasajo
> con roja encía y afilados dientes.
>
> Torres, poned al pabellón sonrisa.
> Poned, ante ese mal y ese recelo,
> una soberbia insinuación de brisa
> y una tranquilidad de mar y cielo...

(*Cantos de vida y esperanza*, IX).

Véanse ahora algunas expresiones correlativas en el texto sobre Ibsen:

"[...] su alma se hizo su torre de nieve [...] Acorazado, casqueado, armado, apareció el poeta [...] hubo para él, eso sí, piedras, sátira, envidia, egoísmo, estupidez [...] Es un gigantesco arquitecto que desea erigir su construcción monumental para salvar las almas por la plegaria en la altura, de cara a Dios. [...] Los malos son los que logran conocer el rostro de la felicidad [...] Y el redentor padece con la pena de la muchedumbre. Su grito no se escucha, su torre no tiene el deseado coronamiento. [...] por eso brotan de los labios de sus nuevos personajes palabras terribles, condenaciones fulminantes, ásperas y flagelantes verdades [...] El ha entrevisto el ideal, como un miraje. [...] ese "aristo", ese excelente, ese héroe, ese casi superhombre [...], un inmenso trueno en el desierto, un prodigioso relámpago en un mundo de ciegas pupilas [...] Se siente, en lo oscuro vecino, una brisa que sopla de lo infinito, cuyo sordo oleaje oímos de tanto en tanto [...] Se remonta a Dios. Parte la fuente de su pensar de la montaña de las ideas primordiales. Es el héroe moral. ¡Potente solitario! Sale de su torre de hielo para hacer su oficio [...] de salvador humano, su oficio, ¡ay!, ímprobo, porque cree que no será él quien verá el día de la transfiguración ansiada. [...] Ha sido un intérprete de esa representación de Dios. [...] un incansable minador de prejuicios [...] contra la imbécil canalla apedreadora de profetas y adoradora de abominables becerros; [...] [El cisne] el olímpico pájaro de nieve [...] es para Ibsen nuncio del ultraterrestre Enigma. [...] la inviolada Desconocida aparecerá siempre envuelta en su impenetrable nube, fuerte y silenciosa; su fuerza, el fin de todas las fuerzas, y su silencio, la aleación de todas las armonías"[8].

Estas correlaciones deben ser examinadas con mayor rigor, pero para lo que se sugiere aquí creo que la muestra es suficientemente indicativa y autoriza la conjetura de que el título de Los raros procede también de Ibsen, en cuyo drama Los pretendientes a la corona (que Darío cita con larguentza en su ensayo) aparece este dicho del rey Skule al poeta Jatgeir: "Se está a solas contigo, y te asemejas a los raros a quienes voluntariamente se escogería por amigos"[9].

El contraste entre la corrosiva, demoledora nota sobre Nordau y el exaltado estudio sobre Ibsen se proyecta en el libro con tal intensidad, que me parece insoslayable para apreciar el sentido de la oposición escritor/medio social que, como lo apunté más arriba, Los raros declara desde su título. En la secuencia Nordau-Ibsen culmina la expresión de un rechazo, pero de acuerdo con la precisa estrategia dariana las líneas de esa red se extienden hacia muchos ángulos: Nordau-Verlaine; Nordau-Villiers de L'Isle Adam (creador del persona-je Tribulat Bonhomet, "especie de Don Quijote trágico y maligno, persegui-dor de la Dulcinea del utilitarismo", que Darío emparenta con Nordau[10]/; Nordau-Richepin. "En verdad, dice Darío, Max Nordau no deja un solo nom-bre, entre todos los escritores y artistas contemporáneos de la aristocracia intelectual, al lado del cual no escriba la correspondiente clasificación diagnós-tica: "imbécil", "idiota", "degenerado", "loco peligroso"[11].

Insisto, pues, en la coherencia de esta obra, que por muchos modos ilustra una actitud y una de las direcciones del pensamiento de Darío —y por exten-

[8]O. C., ii, pp. 464-479. Las citas proceden de pp. 467 y 472-478.
[9]O. C., ii, p. 470.
[10]O. C., ii, pp. 304 y 462-463.
[11]O. C., ii, p. 451.

sión de los escritores modernistas— con respecto a la sociedad de su tiempo, en términos que corroboran también el certero análisis de Ángel Rama, titulado *Los poetas modernistas en el mercado económico*[12]. Todo esto es claro, pero creo que debe atenderse al nuevo testimonio que sugiero para confirmar observaciones ya formuladas con apoyo en otros textos. Entiéndanse estas páginas entonces como una contribución al estudio del sistema ideológico dariano.

II. Un antecedente del arielismo en *Los raros*

En la primera parte de un estudio sobre "Rubén Darío y Estados Unidos", subtitulado "Arieles y Calibanes", José Agustín Balseiro mostró el inadvertido vínculo textual entre Darío y Rodó a propósito del arielismo[13]. Balseiro destaca atinadamente la importancia que las ideas expuestas por Darío en el ensayo dedicado a Poe tuvieron en la génesis de *Ariel*, y anota que "Rodó no relaciona sus símbolos con los de Rubén que le preceden, ni siquiera cuando alude también al caso específico de Poe"[14].

En el acto de una "relectura de *Los raros*" es indispensable, pues, volver sobre ese punto planteado por Balseiro, y reivindicar la significación de Darío en estas dimensiones del quehacer intelectual hispanoamericano: mis notas no son más que una llamada de atención acerca de un rasgo de la conducta

[12]Montevideo-Uruguay, Universidad de la República, Facultad de Humanidades y Ciencias, 1968. (*Departamento de Literatura Hispanoamericana / 3*), 61 pp. mimeografiadas. Incluido posteriormente en su libro *Rubén Darío y el modernismo*. (Circunstancia socioeconómica de un arte americano). Caracas, Ediciones de la Biblioteca de la Universidad Central de Venezuela, 1970. (*Colección Temas, 39*), pp. 49-79. Acerca del cuidado con que Darío disponía sus obras encuentro una observación de extraordinario interés en un estudio de Fidel Coloma González: "El primer libro de Rubén Darío: *Poesía y artículos en prosa*", que atenuará toda extrañeza por mis reiteradas afirmaciones sobre la coherencia de *Los raros*. Dice Coloma al referirse al manuscrito de *Poesía y artículos en prosa*: "...ya muestra cierto sentido del libro 'como una estructura'. Es frecuente acusar a Rubén de que preparaba sus poemarios sin plan previo, juntando precipitadamente lo édito o inédito, para satisfacer premiosas necesidades editoriales y económicas. Un análisis atento de sus colecciones mayores (*Azul..., Prosas profanas, Cantos de vida y esperanza*), demuestran lo contrario: poseía una noción clara de la 'arquitectura' del libro, que va ordenado en una cuidadosa secuencia. Así lo vemos en este primer Cuaderno". Véase el trabajo de F. Coloma en *Estudios sobre Rubén Darío*. Compilación y Prólogo de Ernesto Mejía Sánchez, México, D.F., Fondo de Cultura Económica / Comunidad Latinoamericana de Escritores, 1968. (*Sección de Lengua y Estudios Literarios*), pp. 188-202; la cita en pp. 197-198.

[13]Cf. el Capítulo VI de su libro *Seis estudios sobre Rubén Darío*, Editorial Gredos, S.A., 1967, pp. 117-143.

[14]*Op. cit.*, p. 121 y *passim*.

dariana, insuficientemente enfatizado por la crítica[15]. Ordeno y resumo así mi lectura:

En el "Fragmento de un estudio" sobre Poe registró Darío una impresión de Estados Unidos que resulta singular en la medida en que particulariza el enfoque crítico, acudiendo al mismo simbolismo que Rodó desarrollaría cumplidamente (y con éxito) en su libro de 1900. Darío inicia su estudio con el relato de su primera visita a New York y su introducción —que avanza desde la serenidad a la insinuación del vértigo— no es ajena a la burla de esa "alianza de la Biblia con el dólar" que Jean Franco señala en un poema brasileño precursor: "Sobre cubierta se agrupan los pasajeros; el comerciante de gruesa panza, congestionado como un pavo, […]; el clergyman huesoso […] en la mano una pequeña Biblia; […] New York, la sanguínea, la ciclópea, la monstruosa, la tormentosa, la irresistible capital del cheque […] Brooklyn, que tiene sobre el palpitante pecho de acero un ramillete de campanarios"[16]. La ingrata voz de New York ("eco de un vasto soliloquio de cifras") lo hace pensar en la voz de París ("halagadora como una canción de amor, de poesía y de juventud"[17]). Y es entonces que el simbolismo de La tempestad es atraído por Darío, al reflexionar en unas frases de Groussac y de Sar Peladan, cuya glosa es ésta: "Calibán reina en la isla de Manhattan, en San Francisco, en Boston, en Washington, en todo el país. Ha conseguido establecer el imperio de la materia desde su estado misterioso con Edison, hasta la apoteosis del puerco, en esa abrumadora ciudad de Chicago. Calibán se satura de whisky, como en el drama de Shakespeare de vino; se desarrolla y crece; y sin ser esclavo de ningún Próspero, ni martirizado por ningún genio del aire, engorda y se multiplica; su nombre es Legión. Por voluntad de Dios suele brotar de entre esos poderosos monstruos, algún ser de superior naturaleza, que tiende las alas a la eterna Miranda de lo ideal. Entonces, Calibán mueve contra él a Sicorax, y se le destierra o se le mata. Esto vio el mundo con Edgar Allan Poe, el cisne desdichado que mejor ha conocido el ensueño y la muerte…"[18]. Poe se le figura, así, "como un Ariel

---

[15]Con importantes excepciones, como las de Enrique Anderson Imbert, y de Germán Arciniegas, que sitúa esta relación en el orden de una línea cultural muy definida. Anderson Imbert adelanta un juicio sobre la actitud de Darío —generalmente cuestionada sin atender a estos datos— que me parece muy mesurado: "Complejidad, más que contradicción". Cf. La originalidad de Rubén Darío, Edic. cit., pp. 151-152; el artículo de Germán Arciniegas: "Darío o la doble perspectiva en el destino de América", en revista La Torre. San Juan de Puerto Rico, Universidad de Puerto Rico, Año xv, Núms. 55-56, enero-junio 1967. Homenaje a Rubén Darío. Pp. 311-321. V. también E. Carilla, Op. cit., p. 60 nota 6.

[16]O. C., II, pp. 255-257.

[17]O. C., II, p. 257.

[18]O. C., II, p. 259. En la semblanza dedicada a Augusto de Armas (y publicada unos meses antes que el estudio sobre Poe), Darío atrae también la opinión de Peladan y la convalida: "…Stuart

hecho hombre [...], que ha pasado su vida bajo el flotante influjo de un extraño misterio. Nacido en un país de vida práctica y material, la influencia del medio obra en él al contrario. De un país de cálculo brota imaginación tan estupenda"[19].

Ignoro si Darío conocía —como sin duda los conocía Rodó— los antecedentes literarios e ideológicos que menciona Jean Franco con respecto al "arielismo", especialmente el poema *O Guesa Errante* (1877) de Joaquim de Sousa Andrade (1833-1902) y el ensayo de José Veríssimo sobre la educación nacional que data de 1890[20]; lo que sí parece indiscutible es que la lectura del texto de Darío (y la contraposición que él explicita por vía simbólica entre materialismo e idealidad) fue un estímulo central para Rodó, por la cercanía de una palabra que expresaba, desde su misma ladera cultural, preocupaciones similares a las suyas. Es hora de reconocer esta filiación, que acaso germinó desde esa idea dariana, surgida a su vez —como se sabe— de las advertencias de su admirado Martí, que incluso recuerda en una página de *Los raros*[21]. Además, otros fragmentos de este libro —que tampoco deben haber pasado inadvertidos para Rodó— contribuyen a sustentar esta hipótesis. Por ejemplo, el ensayo que Darío dedica al Conde Villiers de L'Isle Adam, "El Rey", empieza por desplegarse como ensueño utópico o historia ideal situada a "mediados del indecoroso siglo xix": "Por aquel tiempo [...] el país de Grecia vio renacer su esplendor. Un príncipe semejante a los príncipes antiguos se coronó en Atenas, y brilló como un astro real. [...] había en él algo del príncipe Hamlet y mucho del rey Apolo; [...] echó de su reino a todos los ciudadanos de los Estados Unidos de

---

Merrill, que sólo puede ser yankee porque, como Poe, nació en ese país que Peladan tiene razón en llamar de Calibanes..." (*O. C.*, II, 390), y más adelante: "...Stuart Merrill, como Poe, brota de una tierra férrea, en un medio de materialidad y de cifra..." (*O. C.*, II, p. 391). Obsérvese que el juicio de Peladan sigue a la mención de Poe; además, el encabezamiento de las páginas sobre A. de Armas en la primera edición ("xii. Una víctima" [p. 139]), que hace eco a la imagen de la desdicha dentro de la cual Darío inscribe la figura del escritor norteamericano, en realidad afina sutilmente las diferencias de situación: "Pero el soñador, ¿no sabía, acaso, que París, que es la cumbre, y el canto, y el lauro, y el triunfo de la aurora, es también el maelstrom y la gehenna? ¿No sabía que, semejante a la reina ardiente y cruel de la historia, da a gozar de su belleza a sus amantes y en seguida los hace arrojar en la sombra y en la muerte? [...] vivía la vida parisiense de la lucha diaria, viendo a cada paso el miraje de la victoria y no abandonado nunca de la bondadosa esperanza" (*O. C.*, II, pp. 391-392). Un examen de estas relaciones y contrastes puede resultar muy ilustrativo. Para los datos de publicación de ambos artículos, cf. P. L. Barcia, *Escritos dispersos de Rubén Darío (Recogidos de periódicos de Buenos Aires)*, Edic. cit., pp. 49 y 51.

[19]*O. C.*, II, p. 262.

[20]Jean Franco. *La cultura moderna en América Latina*. Traducción de Sergio Pitol. México, D.F., Joaquín Mortiz, 1971, Cf. pp. 57 y ss., acerca de "El arielismo y la raza latina".

[21]*O. C.*, II, pp. 486-487.

Norteamérica; pensionó magníficamente a pintores, escultores y rimadores, de modo que las abejas áticas se despertaban a un sonido de cinceles y de liras; [...]. Pero la suerte, ¡oh, sire!, ¡oh excelso poeta!, no quiso que se realizase ese adorable sueño, en este tiempo que ha podido envolver en la más alta apoteosis la abominable figura de un Franklin"[22].

Por último, en la conferencia sobre Eugenio de Castro y la literatura portuguesa, tan centrada en el examen de aquel rico y poco conocido proceso, vincula una reflexión del poeta lusitano acerca de las amenazas del "americanismo" con preocupaciones que por su sola insistencia adquieren relevancia en el orden de esas ideas que desembocan en el arielismo: "Tal es la queja; es la misma de Huysmans en Francia, la queja de todos los artistas, amigos del alma; y considerad si se podría lanzar con justicia ese clamor de Coimbra en este Gran Buenos Aires, que, con los ojos fijos en los Estados Unidos, al llegar a igualar a Nueva York, podrá levantar un gigantesco Sarmiento de bronce, como la libertad de Barthodli, la frente vuelta hacia el país de los ferrocarriles"[23].

Me he atenido aquí exclusivamente a las menciones contenidas en Los raros, que registran esta significativa contraposición, porque advierto en ellas una razón más para afirmar la coherencia del conjunto de la obra, más allá de las propias reservas expuestas por Darío en el "Prólogo" a la segunda edición: "Confesaré, no obstante, que me he acercado a algunos de mis ídolos de antaño y he reconocido más de un engaño de mi manera de percibir"[24]. Quedan por responder, sin duda, preguntas sugestivas como la que se insinúa en esta nota de Arciniegas sobre la motivación que Darío encontró en la lectura de Josephin Peladan: "Es curioso cómo un adjetivo —calibanes— escrito por un teósofo de los Rosacruces, a quien hay que colocar en línea con Allan Kardec, Conan Doyle, Madame Blavatsky, Annie Besant y tanto otro espiritista de la época del Loto Blanco, pudo mover a Darío para sacar [?] la imagen del Calibán yanqui y oponerla a la de Poe..."[25]. Y esto no sólo con propósitos clarificadores de una relación más, sino como necesidad de análisis del fundamento ideológico que anima las diversas expresiones de un momento histórico. Por eso, sin negar sus contradicciones —vividas y padecidas— me pregunto si de veras hemos buscado y querido leer a otro Darío, no demasiado oculto.

---

[22]O. C., II, pp. 300-301.
[23]O. C., II, pp. 503-504.
[24]O. C., II, p. 247.
[25]"Darío o la doble perspectiva...", p. 316. El texto contiene una errata (sacer) que leo aproximativamente sacar. E. Anderson Imbert (cf. Op. cit., Cap. XX: "Sincretismo religioso", pp. 197-213) abre el camino para esa respuesta —y para otras que allí indica— a través de un considerable despliegue bibliográfico y de los comentarios con que contribuye, en efecto, a caracterizar "una 'atmósfera' de época".

III. El recurso a la intertextualidad refleja

El recurso a la intertextualidad en **Rubén Darío** es fácilmente reconocible y ha sido indicado muchas veces, bien que bajo otras definiciones teóricas. Una de ellas es la llamada estilística de las fuentes, que ya constituye un capítulo muy amplio en los estudios sobre el poeta. En ese capítulo la gradación abarca desde lo notable a lo afligente, que ocurre cuando el investigador cae en la rigidez del recuento de influencias. Un juicio de Julia Kristeva resume este problema: "...nuestra civilización y su ciencia se ciegan ante una productividad: la escritura, para sólo captar un efecto: la obra. Producen así una noción y su objeto que, arrancados del trabajo productor, intervienen a título de objeto de consumo en un circuito de intercambio (realidad- autor- obra- público)"[26].

Creo que la perspectiva que abre el concepto de intertextualidad y su aplicación (según las formulaciones de Julia Kristeva y de Philippe Sollers), puede enriquecer el examen de la obra dariana, especialmente las correlaciones entre los ensayos de *Los raros* y diversos poemas[27]. En este punto, yo me permito introducir la noción de "intertextualidad refleja" para aquellos casos —como éste de Darío— en los que la confluencia ocurre en textos que proceden del mismo *corpus* del autor, de manera que la "re-lectura, acentuación, condensación, desplazamiento y profundidad de esos textos"[28], esa productividad, en suma, surge por una suerte de autofecundación de textos poéticos que atraen hallazgos o posibilidades alcanzados en la prosa o viceversa. La extrema cercanía que creo advertir entre el texto sobre Ibsen y el poema de *Cantos de vida y esperanza* ("¡Torres de Dios! ¡Poetas!") me parece muestra logradísima de una acción de intertextualidad refleja en el sentido en que aquí lo propongo.

Los ejemplos podrían multiplicarse con resultados igualmente iluminadores, y no sólo desde *Los raros*, sino proyectando esas posibilidades del análisis a otras obras de Darío. Pero yo debo concluir mi nota con referencias a este libro e insistir en la riqueza de una incesante, fascinadora actividad que permite ver cómo algunas expresiones poéticas *devienen* fragmentos críticos —a menudo felices— en los ensayos o, por el contrario, cómo ciertas piezas poéticas se

---

[26]"La productividad llamada texto", en Roland Barthes et al.: *Lo verosímil*. Traducción de Beatriz Dorriots, Buenos Aires, Editorial Tiempo Contemporáneo, 1970. (*Biblioteca de Ciencias Sociales. Colección Comunicaciones*), p. 63.

[27]"...gracias a sus juicios y citas podemos correlacionar estas páginas con los poemas coetáneos y hasta localizar algunas fuentes precisas", E. Anderson Imbert, *Op. cit.*, Cap. VIII: "*Los raros* y otras definiciones", p. 70.

[28]Cf. "Escritura y revolución. Jacques Henric pregunta a Philippe Sollers", en Redacción de *Tel Quel. Teoría de conjunto*. Traducción de Salvador Oliva, Narcís Comadira y Dolors Oller. Barcelona, Editorial Seix Barral, S.A., 1971. (*Biblioteca Breve*), p. 91.

generan en una frase o idea expuesta en *Los raros*. Lo primero puede comprobarse con sólo aproximar las páginas sobre Leconte de Lisle y el soneto incorporado a la segunda edición de *Azul...* (1890): el medallón poético parece estar en la génesis del ensayo, escrito en 1894. Y con esta particularidad: el soneto manifiesta y exalta sobre todo uno de los dos aspectos que Darío reconocerá después como las vertientes primordiales del sistema de Leconte de Lisle: su predilección por la India legendaria. Las imágenes y el léxico referidos a este aspecto pasan muy puntualmente desde esa primera textualidad que es el soneto a la segunda, que es el ensayo. La otra preferencia de Leconte de Lisle (la mitología y el ámbito cultural helénicos, ausentes en el medallón) la destaca Darío con la debida amplitud cuatro años más tarde: selección y diferencia reveladoras, que pueden explicarse acudiendo a todos los matices de esa gama que va de la particular atracción al simple desconocimiento.

El segundo caso de este tipo de intertextualidad es el de Verlaine: el artículo de *Los raros* aparece como forma fundamental del poema incluido bajo el título de *"Verlaine"* en *Prosas profanas: "Responso"*. Es indudable que en la pieza biográfica se encuentran la génesis y el comentario del texto poético, por otra parte tan próximo en el tiempo de su escritura.

Precisar estas correlaciones en la obra dariana, desde la perspectiva de la productividad textual, es la nueva tarea que propone (que nos propone) la relectura de *Los raros*.

4. Las contradicciones de Alcides Arguedas

E L ACONTECIMIENTO culminante de la novela *Raza de bronce*[1] es el estallido de una rebelión vindicativa de los comunarios por el asesinato de la joven pastora Wata-Wara, cometido por el patrón de la hacienda y sus amigos que intentaban violarla. La intensidad de esa situación narrativa, desencadenada por el acto que lleva a su término extremo un largo proceso de violencias anteriores, parece haber condicionado una lectura de la obra que, si no desvirtúa totalmente su sentido, por lo menos oculta otro aspecto significativo que está inscrito en el texto: el de una contradicción subyacente entre el propósito de denuncia de la injusticia padecida por el indio del altiplano y el alcance de los juicios y valoraciones formulados por el narrador con respecto al carácter de los personajes.

Éstos aparecen en una oposición irreductible, que ordena en un polo a la comunidad indígena, calificada como el sector de los oprimidos, y, en el otro, al grupo constituido por el terrateniente y sus servidores mestizos (el administrador y el cura, por ejemplo). La oposición así definida es, por cierto, central en la novela, y su perpetuo enfrentamiento confiere al acontecer narrativo la tensión conflictiva que lo singulariza. Los motivos que se despliegan en el transcurso de ese acontecer recurren una y otra vez, con las variaciones que permiten extender el marco espacial y al mismo tiempo confirmar —en la prueba que significan implícitamente las repeticiones— la tesis que subtiende el relato y que intenta explicar la realidad social, humana y natural que es su referente. La explicación en este caso (como en muchos otros de la literatura del período), se funda en los principios del positivismo, sobre todo en la validez atribuida a las proposiciones deterministas de Taine y, más cercanamente, en las ideas sobre la realidad americana expuestas por Carlos Octavio Bunge en *Nuestra América*

---

[1]Una primera versión de la novela fue publicada en La Paz en 1904, con el título de *Wata-Wara*. Arguedas la consideraba como "bosquejo" de *Raza de bronce*, cuya redacción definitiva apareció en 1919, también en La Paz. Sobre el proceso de esta reescritura, véase *La danza de las sombras*, en Alcides Arguedas, *Obras completas*. Preparación, prólogo y notas por Luis Alberto Sánchez. Tomo I. Novelas, Sociología, Memorias, Obras Varias. Madrid-México-Buenos Aires, Aguilar, 1959, p. 636. El tomo II contiene la *Historia de Bolivia*. Mis citas de *Raza de bronce*, *Pueblo enfermo* y *La danza de las sombras* proceden de esta edición, según las siguientes abreviaturas: RB, PE, DS, seguidas de O.C..

(1903), libro que Alcides Arguedas sigue con admirativa aplicación en su corrosivo ensayo *Pueblo enfermo* (1909), y que se convierte, desde entonces, en uno de los sustentos ideológicos de toda su obra futura.

La relación entre los textos que constituyen esa obra —ensayo, historia, novela, memoria— es de tal manera estrecha, que se presenta como un caso notable de intertextualidad refleja[2], en el sentido de la autofundamentación interna y de los comentarios o ilustraciones que van de uno a otro. Por lo demás, es natural que así ocurra, si se atiende a la obra de un autor como al *corpus* unitario que finalmente conforma y en el que se descubre a menudo que la empresa total ha sido el tratamiento de unos pocos temas con variaciones, y a veces de uno solo. El tema de Alcides Arguedas fue la averiguación de su realidad nacional, y el tono con que expuso los resultados de su trabajo estuvo siempre teñido por el escepticismo y el rechazo. No por nada destaca en su ensayo, certificándola a través de sus observaciones pesimistas, "la triste profecía de Bolívar": "La América es ingobernable; los que han servido a la Revolución han arado en el mar"[3]. Es un tono en el que parecen resonar los ecos del desencantado leitmotiv de Felipe Huamán Poma de Ayala: "¡Y no hay remedio!".

No llevan razón entonces quienes ven en la obra de Arguedas una solución de continuidad entre las formulaciones del ensayista y las del novelista. Un ejemplo extremo de esta inexactitud es el de Luis Alberto Sánchez en el prólogo a las *Obras completas*, preparadas y anotadas por él para la Editorial Aguilar. Al referirse a *Raza de bronce* escribe que

> Contra toda su obra, aquí Arguedas reivindica al indio, a tal punto que una nota epilogal, fechada en 1945, confiesa la esperanza del autor en que su obra no ha sido inútil, pues en ese momento se reunía un Congreso Indigenista en La Paz. [...]. Me atrevo a pensar que en *Raza de bronce* estuvo el verdadero camino de Arguedas; la sociología era para él demasiado subjetiva y moralizante; la historia, demasiado dura y nada atractiva. Excepción en su carrera, *Raza de bronce* cubre, sintomáticamente, un muy largo período de la vida y la obra de su autor [...][4].

El error de la lectura de Sánchez se hace aún más evidente cuando se revisan

---

[2]Para la noción de *intertextualidad refleja*, véase "Relectura de *Los raros*", *supra*, pp. 48-49. Lucien Dallenbach designa esta práctica como "intertextualidad restringida" ("Intertexte et autotexte". *Poétique*. París, 27, 1976, pp. 282-296).

[3]Cf. PE, X, O.C., p. 537.

[4]O.C., p. 17. También disiento de otra observación del prologuista en este párrafo, porque pienso que lo más memorable de la obra de Arguedas es, precisamente, un trabajo histórico: *Los caudillos bárbaros*.

sus notas introductorias a los otros libros en el mismo volumen. En la que dedica al memorialista señala que la teoría política de Arguedas parte

> de un recalcitrante racismo blanquista, de un cerrado y pertinaz antimesticismo, de un singularísimo desdén al indio y de una amarga reiteración pesimista sobre todos y cada uno de los personajes de Bolivia[5].

En efecto, así es; pero yo disiento de su certidumbre diferenciadora, porque las notas referidas a *La danza de las sombras* no son en absoluto ajenas a *Raza de bronce*. Ocurre que en la novela esas notas se manifiestan de una manera menos obvia, porque las disimulan las tensiones del acontecimiento y las proliferaciones descriptivas; pero cuando ellas se advierten en las valoraciones que siempre contiene el discurso del narrador, entonces se hace patente el conflicto vivido y no resuelto por el escritor —cuya honestidad y fervor no se discuten aquí— entre una voluntad regeneracionista consciente y una ideología profunda que inevitablemente la contradecía.

En este punto parece oportuno considerar el concepto que Alcides Arguedas tuvo de la literatura y la función que le atribuyó. Sus opiniones en relación con estos aspectos del trabajo intelectual se ordenan en dos dimensiones: una, de valor general, es aplicable al conjunto de su tarea y define la especificidad de su temática; la otra, que surge de esos mismos principios, atiende a la repercusión social, y hasta política, de *Raza de bronce*.

En el libro primero de sus memorias, titulado escépticamente "La faena estéril", Arguedas reproduce una conferencia de expreso carácter confesional y de título no menos escéptico —"La historia de mis libros o el fracaso de un escritor"— dictada en la Universidad en 1922 para el Grupo "Ariel" y la Federación de Estudiantes. El texto interesa por muchas razones; entre otras, porque el autor declara allí las motivaciones de su trabajo y el sentido de una elección realizada cuando aún prevalecía la norma literaria impuesta por el modernismo:

> A mí se me ocurrió ser escritor porque era aficionado a las lecturas fáciles de novelas simples y porque encontraba que los hombres de pluma de mi país, es decir, los periodistas, tenían una predilección muy marcada por inspirarse en temas exóticos, en asunto lejanos y descuidaban abrir los ojos a la realidad de su medio, pues cuando lo hacían tratando de reproducir el paisaje o retratar las costumbres, nos daban una impresión falsa y, más todavía, cuando ensayaban explicar las particularidades de nuestro carácter...

[5] o.c.,p. [621].

Y más adelante, en el mismo texto:

> [...] en lugar de las walkyrias de cabelleras blondas o de las diosas de la mitología griega, yo evoqué la áspera greña de nuestras indias hurañas y fuertes; en vez de los líricos ruiseñores, seguí el vuelo de los cóndores; en lugar del vino bohemio de las rondas peninsulares o del *quartier*, abrevé el agua sacudida de nuestros torrentes....[6].

Se trata, pues, de la opción asumida por el narrador; pero es la misma, y evidentemente inseparable, de la que asume el ensayista cuando comprende el fracaso de su propósito de sacudir el ambiente y resuelve, dice,

> obrar directamente sobre la conciencia pública escribiendo un libro de observación directa, lleno de datos recogidos de diversas fuentes y que, bajo una idea central, estudiase nuestros problemas poniendo a las claras las deficiencias de nuestro medio y educación[7].

En un pasaje del capítulo XII de *Pueblo enfermo* se encuentran también algunas anotaciones parecidas, que insisten en el designio realista fundado en la verdad de la representación del medio, de las costumbres y de los asuntos. Rechaza toda imitación de modelos extraños y propone no sólo *crear*, sino *copiar*, pues el error de los poetas y demás escritores

> consiste en dejar a la Naturaleza intacta, virgen, y sólo fijarse y escudriñar el fondo de sus sentimientos para presentarlos con vigor, aunque desprovistos de espontaneidad. Y así —insisto— no se hace arte ni se engendra una literatura. Su deber es desentrañar la psicología del grupo. La mejor obra literaria será, por lo tanto, aquella que mejor ahonde el análisis del alma nacional y la presente en observación intensa, con todas sus múltiples variaciones[8].

No es difícil reconocer en estas palabras la deuda con numerosos programas de la tradición nacionalista hispanoamericana, desde el romanticismo. Algunos rasgos particulares las sitúan, sin embargo, en su propio momento y resumen, en una aproximación ligera pero bastante fiel, el ideario común del mundonovismo: la insistencia en la observación directa, el estudio de la psicología del grupo, el deseo de obrar sobre la conciencia pública.

---

[6] DS, O.C., pp. 631 y 681. El texto de la conferencia mencionada aparece en el libro considerablemente ampliado.

[7] DS, O.C., p. 637.

[8] PE, O.C., p. 596.

Establecidas esas líneas generales de su sistema de preferencias, algo así como el andamiaje ideológico de todo su quehacer, interesará reseñar su concreción en la obra novelística mayor que es *Raza de bronce*, según como la entendía el propio autor. A menudo se refirió a ella, en sus memorias y en el ensayo, y sin duda porque la veía como la realización más cabal de sus intenciones. Así es como se puede seguir ese proceso de autorreferencias desde la génesis de la obra, cuya primera versión es de 1904. En la conferencia de 1922 mencionó su fuente:

> [...] en las veladas del valle le había oído referir a mi padre la crueldad con que los indios costeros castigaron y vengaron las tropelías de unos patrones sin entrañas[9].

En 1937, en un fragmento agregado a la tercera edición de *Pueblo enfermo*, el comentario es más explícito y constituye un primer recuento valorativo. Aunque sin renunciar al desengaño, Arguedas registra allí ciertas repercusiones positivas que tuvo la novela: Originó, dice,

> un fuerte movimiento de protección hacia la desgraciada raza. [...] Hizo el libro su trabajo lento, pero firme; inspiró temas, produjo oscuras reacciones, envidias, inquinas y también sordas protestas, pero nada pudo detener la acción de su fuerte garra sobre la conciencia.
> [...] Las sociedades de protección, laicas y religiosas, comenzaron a mostrarse preocupadas con el gran tema racial. [...] y por algún tiempo, de 1923 a 1926, fue un revuelo de proyectos, leyes, artículos de periódico, conferencias y todo cuanto cabe en materia de publicidad y propaganda; pero luego vino el cansancio, inevitable y fatal, el obligado cansancio, y de la cruzada se salió apenas con unas cuantas sociedades *Pro-Indio* y una ley dictada en 1932 prohibiendo alquilar *pongo con taquia*[10].

Y en 1945, ya sin reservas, reconoció en la nota final a la tercera edición de *Raza de bronce* que su voz había sido escuchada: gracias a su obra la injusticia denunciada pertenecía al pasado:

> Los cuadros y las escenas aquí descriptos, tomados todos de la verídica realidad de ayer, difícilmente podrían producirse hoy día, salvo en detalles de pequeña importancia. Y es justo decirlo[11].

[9]DS, O.C., p. 634.
[10]PE, O.C., pp. 432-433. En otro párrafo señala que en la novela "se pinta la esclavitud absurda del indio, su vida de dolor, de miseria y de injusticia bárbara", p. 433.
[11]RB, "Nota", O.C., p. 387.

Son afirmaciones tal vez inobjetables, y de un testigo de veras calificado. Ellas confirman plenamente que el escritor leía su novela como un alegato a favor de los indios. Mis observaciones no ponen en cuestión tal lectura por muchas y obvias razones, que van desde la realidad de los hechos sociales hasta la integridad moral del escritor. Además, ¿no ha sido y suele ser ésa una lectura frecuente de *Raza de bronce*?[12]. Sólo intento mostrar que el narrador ficticio que habla, juzga y valoriza ese mundo no lo ve con el mismo humanitarismo redentor que suponen el autor y varios de sus críticos en sus respectivas lecturas. La intención humanitaria se revela así como un voluntarismo encomiable, pero *a posteriori*, que opera y se sobreimpone a la obra desde un plano exterior ajeno a ella; en el interior mismo del texto esa intención se disuelve a menudo, y hasta es arrasada, por obra del prejuicio que gobierna la palabra del narrador y que orienta una mirada implacable, obstinada en sorprender en la conducta personal y social de los indios las manifestaciones deplorables de un carácter moldeado por el aspecto físico de la llanura, el género de ocupaciones y su monotonía, unidos "a la sequedad momiesca del alma india". Ese carácter y esa conducta que en el capítulo II de *Pueblo enfermo* se describen con estas notas:

> [...] tiene la dureza y la aridez del yermo. También sus contrastes, porque es duro, rencoroso, egoísta, cruel, vengativo y desconfiado, cuando odia. Sumiso y afectuoso, cuando ama. Le falta voluntad, persistencia de ánimo y siente profundo aborrecimiento por todo lo que se le diferencia.
>
> Su vida es parca y dura, hasta lo increíble. No sabe ni de la comodidad ni del reposo. No gusta de placeres, ignora lujos. Para él ser dueño de una ropa llena de bordados con la que pueda presentarse en la fiesta del pueblo o de la parroquia y embriagarse lo mejor que le sea permitido y el mayor tiempo posible, es el colmo de la dicha. Una fiesta le parecerá tanto más lucida cuantos más días se prolongue. Bailar y beber, es su sola satisfacción; no conoce otras. Es animal expansivo con los de su especie; fuera de su centro, mantiénese reservado y hosco. En su casa huelga la miseria absoluta, el abandono completo. En la casa del indio no hay nada sino suciedad...

Y a las que se suman, dos páginas más adelante, estas otras:

> Receloso y desconfiado, feroz por atavismo, cruel, parco, miserable, rapiñesco, de nada llega a apasionarse de veras. Todo lo que personalmente no le atañe lo mira

---

[12]Una muestra de esas lecturas: "Es una de las primeras novelas contemporáneas que elevan la Naturaleza a la categoría de personaje central, y es, ciertamente, la que abre el camino para el valioso grupo de indigenistas. Está llena del dolor y de la miseria del indio, pero sin sordidez ni desesperación. Relata con objetividad y equilibrio, sin perder ni el sentido de la armonía ni la emoción de la belleza espontánea que irradia de los seres y del paisaje". Arturo Uslar-Pietri, *Breve historia de la novela hispanoamericana*. Caracas - Madrid, Ediciones Edime [1954], p. 98.

con la pasividad sumisa del bruto, y vive sin entusiasmos, sin anhelos, en quietismo netamente animal. Cuando se siente muy abrumado o se atacan sus mezquinos intereses, entonces protesta, se irrita y lucha con extraordinaria energía[13].

Cito estos párrafos de *Pueblo enfermo*, así como podría citar muchos más, porque la palabra del narrador en *Raza de bronce* atrae insistentemente esas y otras notaciones para calificar a los personajes, los ritos y las costumbres de la comunidad: Una mirada y una palabra que registran sin tregua la degradación de lo humano y que tienen su único reposo cuando se remiten a la majestad del paisaje en las alturas o en el valle. Entonces, la acrimonia y la repugnancia dejan su lugar a la exaltación expresiva, en la que menudean los recursos de cierto lirismo algo artificioso del tipo "la transparente linfa del lago", "el ardiente caudal de la encendida linfa", "... las sierras calvas, bañadas a esa hora de rosa y azul"[14].

Pero el ensayo —en el espacio reflexivo y verificable que le es propio— no sólo define el carácter de los personajes indios y mestizos cuyas conductas en el otro espacio —en el de la ficción— vienen a confirmar aquellas sombrías observaciones. También provee la materia real del acontecimiento, fundando así fuertemente su rango de verosimilitud. Baste señalar que algunos de los motivos o situaciones relevantes de la novela están como condensados en los comentarios e ilustraciones sobre sucesos frecuentes en el altiplano y en las yungas. Por ejemplo: el obligado viaje al valle que los indios deben hacer para "transportar las cosechas, por cuenta y a riesgo suyo, desde la finca a la morada urbana del patrón" (*Pueblo enfermo*, II, ii, pp. 424 y ss.), y en el curso del cual afrontan múltiples amenazas naturales (que a su vez se describen en el capítulo I, iii, p. 408), resume el vasto motivo del viaje con que se inicia la novela, y en cuyo despliegue se muestra el conflicto de los personajes con el ambiente —la oposición de lo conocido y lo desconocido— y los que surgen en el trato de unos hombres con otros. Las rebeliones indígenas a que se refiere Arguedas en otras páginas de *Pueblo enfermo* (II, ii, 420-421) tienen sitio privilegiado en la novela: una de sus concreciones establece el clímax final; otra anterior, frustrada, ha tenido consecuencias que los personajes no olvidan. Las crisis agrícolas provocadas por la sequía desde 1898 a 1905 (*Pueblo enfermo*, II, ii, p. 419), constituyen

---

[13]PE, II, ii, O.C., pp. 416 y 418. En la primera edición (Barcelona, Vda. de Luis Tasso. Editor, 1909), algunas de esas notas eran aún más severas, porque no se mencionaba el contraste que humaniza un poco el carácter así descrito. Aparecía también un juicio terminante después de la frase "... y siente profundo aborrecimiento por todo lo que se le diferencia. *De ahí su odio al blanco*". Cf. Primera edición, p. 40. (El subrayado es mío).

[14]RB, O.C., pp. 219 y 250.

otro elemento que procura una instancia de realismo en la novela y permite al narrador incorporar en el relato las escenas ceremoniales de los ritos de fecundación propios de la comunidad.

Las notas de correspondencia en el plano del asunto son muchas y no hace falta abundar en su registro: se pueden rastrear aquí y allá en la lectura del ensayo. Más reveladora es la otra cercanía: la que existe entre el discurso del ideólogo y el del narrador en la novela. El de este último delata una perspectiva muy semejante a la del primero, en cuanto se singulariza también por la frecuencia con que recurre al adjetivo, a las determinaciones adverbiales y a otras menciones depreciadoras en las numerosas oportunidades en que no narra ni describe sino que valora o enjuicia. Entonces se reconoce en la voz del narrador de *Raza de bronce* al autor de *Pueblo enfermo* y la presunta dicotomía desaparece, porque ni uno ni otro reivindican verdaderamente al indio. Denuncian, sí —qué duda cabe— las aberraciones del sistema de explotación y de dominio —el terrateniente, el administrador, el cura, son brutales con su víctima—, y la actitud es crítica *contra el sistema* en la medida en que éste puede ser perfeccionado; es condenatoria, en cambio, cuando se trata de las costumbres y creencias o de las manifestaciones de la conducta individual, que entonces son juzgadas y representadas como aberraciones, a menudo abominables, que provienen de un atavismo perverso y que, por lo tanto, ya no son imputables al sistema. Curioso regeneracionismo, que ve las posibilidades de salvación de la realidad en el perfeccionamiento de unas relaciones de dominio, al paso que condena al sector humano que de todas maneras tiene que padecerlas. Y esto es aún más sorprendente, porque hay dos momentos en la novela, por lo menos, en los cuales se insinúa que esa degradación actual es el efecto más grave de la crueldad del sistema. El primero es un juicio directo del narrador:

> [Los patrones] creíanse, en relación con los indios, seres infinitamente superiores, de esencia distinta, y esto ingenuamente, por atavismo. Nunca se dieron el trabajo de meditar si el indio podía zafarse de su condición de esclavo, instruirse, educarse, sobresalir. Le habían visto desde el regazo materno miserable, humilde, solapado, pequeño, y creían que era ése su estado natural, que de él no podía ni debía emanciparse sin trastornar el orden de los factores y que debían morir así. Lo contrario se les imaginaba absurdo, inexplicable [...].

El otro es un diálogo en el que interviene el poeta Alejandro Suárez, amigo del terrateniente Pantoja. Este poeta, inculto y "saturado hasta los tuétanos de ciertas lecturas modernistas" según el narrador, habla a favor de los indios y justifica la desconfianza de éstos

Porque el blanco, desde hace más de cuatrocientos años, no ha hecho otra cosa que vivir del indio, explotándolo, robándole, agotando en su servicio su sangre y su sudor[15]

Pero las excepciones a la norma depreciadora del narrador son escasas en la novela; sólo la conducta del anciano Choquehuanka escapa a la continua valorización negativa, aunque no sus creencias y dictados rituales, que más de una vez son objeto de mofa. En lo demás, la condición de los indios es siempre calificada de manera que lo propuesto como positivo es en seguida rebajado o denegado por otro término complementario. A la actitud humilde se agrega "y servil"; la respuesta a la hospitalidad es sistemáticamente la rapiña: estos indios siempre roban a quienes los favorecen, indios como ellos, y como ellos también indolentes en el cuidado de sus pequeños bienes: "La huerta [...] ofrecía aspecto de abandono e indolente descuido" (p. 259). La muerte de Manuno, arrastrado por las aguas del río, hace llorar a sus compañeros, pero "no tanto al muerto como al caudal que con él se perdiera"; la búsqueda del cadáver se define como "piadosa e interesada tarea"; están "entontecidos de dolor, no tanto por el compañero como por el dinero perdido" (todo lo cual puede leerse hasta aquí como manifestación de temor al castigo por venir, puesto que el patrón los culpará por la pérdida). Pero al encontrar el cuerpo de Manuno, "La única preocupación de los dolientes fue ver si aún llevaba el rotobo de dinero". Y el capítulo se cierra con otra intervención del narrador, que revela convicciones muy arraigadas acerca del egoísmo y la insensibilidad de la raza:

[...] partieron casi tranquilos y con el corazón más ligero, pues habían dado con el caudal, lo más preciado para ellos, y ninguno sufrió quebranto de fortuna yendo todo el daño a la cuenta del difunto...[16].

---

[15]RB, o.c., pp. 324 y 350. Ambigüedades del novelista, pero palmarias también en otros pasajes de la obra de Alcides Arguedas: En la tercera edición de PE (1937), hay un fragmento agregado que dice: "La gran revelación de lo que es el indio como elemento asimilable y de lo que puede dar de sí cuando se le pide un esfuerzo organizado se ha operado en estos días y en las sombrías regiones del Chaco, donde el indio supo luchar y morir por una patria que desconoce y que nunca hizo nada por él... [...]. Y fue el indio, el pobre indio, el paria, el explotado, el que nunca pide nada para sí quien soportó, hasta el último, casi todo el peso de la campaña..." o.c., p. 434.

Y ese mismo año, en su "Primera carta al Presidente, Coronel Germán Busch" (de agosto 20), escribe, contradiciéndose: "Y ya la desgraciada experiencia nos ha mostrado que el indio, no teniendo cabal concepto de lo que se le exige, es un pésimo soldado cuando se le aparta del medio en que vive y se ha formado". o.c., p. 1179.

[16]RB, o.c., pp. 241, 243, 244 y 245.

Más adelante, la noticia de esta desgracia provoca en Wata-Wara una exclamación de dolor "—¡Pobrecito!", reducida de inmediato por la determinación que sigue: "dijo la joven con indiferencia [...]". La esposa de un terrateniente del valle, por el contrario, exhibe hasta en su físico los valores de que carecen los indios: "[...] esbelta, pálida, de ojos infinitamente tristes y piadosamente dulces [...]"[17].

La ceremonia del *chaulla-katu*, destinada a obtener la gracia de las divinidades lacustres y a favorecer la fecundación de los peces, alejando así la amenaza del hambre, está descrita con los detalles pintorescos y animados del caso; pero toda esa fe y ese candor primitivos se resuelven negativamente cuando un narrador distanciado y sarcástico resume el término del acto:

> Cada especie recibió el estupendo encargo y su ración de coca y alcohol, mientras batía el tambor y se desgañitaba el flautista; mas no bien se retiraron los pescadores rumbo a sus moradas que *mijis*, *keullas*, patos y *macamacas* revoloteaban lanzando agudos chillidos alrededor de los pobres peces ebrios y lastimados, y se abatían, con ruido de picos y alas sobadas, a devorar los pescados que llevaban la misión de reproducirse para aplacar el hambre de los "pobrecitos hombres"...[18].

El relato rememorativo de una sublevación anterior —calificada por el narrador como "fechoría"—, un fracaso de consecuencias desastrosas, genera en los indios un terror extremado ante la represalia ejecutada por los gendarmes enviados desde La Paz. Ese terror no puede sino ser auténtico, pero el narrador describe así la llegada de los indios al lugar del castigo:

> Entraban al solar [...] temblando como bestias enfermas, con los ojos fugitivos, y poniéndose de rodillas besaban la mano del patrón con rendida humildad y ciega hipocresía[19].

En el episodio de la muerte y el funeral de Quilco, las notas derivan hacia lo grotesco —con todo lo que éste implica como modalidad valorativa—, delatando la repugnancia con que el narrador contempla esas escenas:

> [...] las mujeres lanzaron un tremendo alarido, que provocó en los perros del caserío un aullido lastimero y prolongado. Y primero al trote, a carrera después, emprendió camino del cementerio la negra y ebria comitiva [...]. Y corrió en carrera fantástica por el camino árido y largo, ofreciendo pavoroso espectáculo,

[17] RB, O.C., pp. 279 y 262.
[18] RB, O.C., p. 287.
[19] RB, O.C., p. 290.

pues la cabeza y los pies del muerto sobresalían de las parihuelas, y con el trote de los portadores balanceaban rígidos los pies y pendía la descoyuntada cabeza mirando de frente al sol.

Hicieron dos descansos forzosos para vaciar colmadas copas de aguardiente y remudarse los portadores.

Y luego:

Volvían en grupos dispersos y todos estaban abominablemente ebrios. [...] las mujeres aullaban detrás de sus mantillas [...][20].

A la fiesta del alferazgo —otra figuración grotesca— los bailarines llegan "vorazmente hambrientos, rabiosamente anhelosos de agotar fuentes, cascadas y mares de *chicha* y aguardiente" y todo termina en "abominable embriaguez". Unas líneas más adelante el narrador repite esa fórmula con respecto a las mujeres: [...] "abominables de abandono y de embriaguez"[21].

Estos personajes rara vez comen o beben: lo que generalmente hacen es *engullir* o *devorar*, y si el narrador opta por el verbo comer, el adverbio *vorazmente* pone el acto en su sitio. La elección no es inocente, desde luego, y hace sistema con otras menciones que comprueban, desde la narración, la "manifiesta inferioridad del indio aymará, salvaje y huraño como bestia de bosque" (estas expresiones pertenecen al Libro II de *Pueblo enfermo*, pp. 420, 414), porque de la misma manera, y como ya se advierte en las citas anteriores, suelen expresar sus estados de ánimo mediante alaridos (pp. 271, 303, 317), gruñidos (p. 288) y aullidos (p. 304). O se arrastran, "humildes, sumisos, cual canes doloridos bajo la tralla" (p. 341), "cual perros" (p. 341), esto último cuando el señor de la hacienda ordena alejarlos de su presencia a latigazos.

Raza de bronce se desarrolla según un diseño clásico de la novela social de la época, que de pronto invierte o atenúa sus notaciones y se resuelve, en otro plano, como no oposición: El mundo blanco/mestizo es abominable por su prepotencia, su arrogancia y su crueldad; pero el mundo indio lo es por sus taras originarias, su degradación y su miseria moral. Puedo conjeturar que Alcides Arguedas respondería a esta observación diciendo que ésa fue la *realidad de verdad* vista por él, y las limitaciones de mi conocimiento me impedi-

---

[20] RB, O.C., pp. 303-304. Véanse también las páginas anteriores y la siguiente.

[21] RB, O.C., pp. 340, 342. Con notaciones degradadoras se relata igualmente la historia de Mallcu, el idiota (pp. 251 y ss.), y se describen la habitación del *hilacata* Tokorcunki (p. 288) y el casamiento de Wata-Wara y Agiali (pp. 319-321).

rían discutir esa réplica. Pero me atrevería a adelantar que si esto era así, la realidad estaba condenada y el acto de escribirla era ciertamente inútil. ¿Sería ésa la convicción profunda del autor al titular su conferencia de 1922 como "el fracaso de un escritor"?[22].

En todo caso, esa inversión y las contradicciones que he querido ilustrar en mi comentario nos plantean un problema: el de las correcciones que acaso deban hacerse al concepto de indigenismo, la precisión, determinaciones o matices que exige sin duda su empleo. Hasta ahora se ha aplicado a obras no poco diversas, que se vinculan por la naturaleza del asunto, pero que difieren en la configuración y hasta en la intencionalidad. Si en la corriente literaria designada con este nombre genérico se incluyen libros como *Aves sin nido* (1889), *Raza de bronce* (1919), *Huasipungo* (1934), *El mundo es ancho y ajeno* (1941), *Yawar Fiesta* (1941), este último con expresa protesta del autor[23], ¿no estaremos más bien ante la presencia de varios *indigenismos*?

[22]Sobre "la condena racial de Hispanoamérica" en la ensayística del mundonovismo, véanse las páginas iniciales del excelente trabajo de Jaime A. Giordano, "Notas sobre Vasconcelos y el ensayo hispanoamericano", en *Hispanic Review*. Univ. of Pennsylvania, Philadelphia, Vol. 41, Num. 3, Summer 1973, pp. 541-554.

[23]Cf. José María Arguedas, "La novela y el problema de la expresión literaria en el Perú", *Mar del Sur*. Lima-Perú, año II, Vol. III, Núm. 9, enero-febrero de 1950, pp. 66-72. Una versión revisada y corregida por el autor aparece como prólogo a la edición chilena de *Yawar Fiesta* (Santiago de Chile, Editorial Universitaria, 1968. Segunda edición, 1973. Colección *Letras de América*, 13). Dice J.M. Arguedas al comienzo de ese artículo: "De este nombre [indio] se han derivado otros que han encontrado una difusa aplicación en el arte, en la literatura y la ciencia: indigenista, indianista, india.

Se habla así de novela indigenista; y se ha dicho de mis novelas *Agua* y *Yawar Fiesta* que son indigenistas o indias. Y no es cierto. Se trata de novelas en las cuales el Perú andino aparece con todos sus elementos, en su inquietante y confusa realidad humana, de la cual el indio es tan sólo uno de los muchos y distintos personajes".

5. Rescate de Juan Emar

Y sépase que este antecesor de todos,
en su tranquilo delirio, nos dejó como testimonio
un mundo vivo y poblado por la irrealidad siempre
inseparable de lo más duradero

PABLO NERUDA.
"J.E.", prólogo a *Diez*, 1971

I

QUE ESTA NOTA sobre Juan Emar invoque la noción de "rescate" es al mismo tiempo una necesidad y una denuncia. Una necesidad, porque la obra de Juan Emar ha sido desconocida en su propio país casi tanto como en el extranjero, y una denuncia, porque ese desconocimiento delata la ineficacia de la crítica para leer aquellos textos que enfrentan subversivamente el orden impuesto por las ideas recibidas (conducta que además empieza por negar el sentido más profundo de lo que dice defender, pues toda tradición válida fue también en algún momento insurgencia y desafío). El propio Juan Emar registró certeramente estas pobrezas en su libro *Miltín 1934*:

> Los señores críticos sufren acaso de este mal: 'El miedo negro de equivocarse'. Entonces se escribe un articulito con puertecitas de escape para todos lados[1].

Para Juan Emar no hubo ni siquiera esos "articulitos con puertecitas de escape", porque el desconcierto que provocaron sus cuatro libros de los años treinta fue total entre críticos e historiadores de la literatura chilena. Conoció una hospitalidad más ancha, sin embargo: la de los poetas de su generación —Huidobro, Neruda, Vallejo— y de la siguiente— Eduardo Anguita, Braulio Arenas; tempranamente también un homenaje que debió sorprenderlo: la inclusión de dos relatos suyos en un libro agresivo destinado a cuestionar la vigencia naturalista en la prosa chilena de la década, la *Antología del verdadero cuento en Chile* dispuesta y prologada por Miguel Serrano (otro de nuestros excéntricos significativos) en 1938. Juan Emar fue el único narrador de una generación anterior que esos jóvenes iconoclastas reconocieron.

Y a estas menciones —más cuatro o cinco artículos fervorosos de escritores

---

[1] Juan Emar: *Miltín 1934*. Ilustración de Gabriela Emar y otras ilustraciones. Santiago de Chile, Editorial Zig-Zag, 1935. 241 p. La cita corresponde a la página 42.

actuales— se reduce la bibliografía de Juan Emar[2]. Señalado lo cual se entenderán mejor las siguientes palabras de Neruda: "Yo tuve la dicha de respetarlo en estas repúblicas del irrespeto"[3].

II

Juan Emar es el seudónimo de Álvaro Yáñez Bianchi (1893-1964). Su biografía es esquiva, y yo prefiero que así sea, que su leyenda personal sea la de su escritura, la de su "tentativa infinita" y hasta ahora apenas vislumbrada por nosotros. Atraigo sólo estos datos para la mínima comprensión del desconocido: viajes, largas permanencias en Europa, relaciones con el arte y la literatura de vanguardia; en resumen, una trayectoria más bien interiorizada, que Neruda (siempre zahorí) describió como un andar "de país en país, sin entusiasmo, sin orgullo ni rebelión, desterrándose por sus propios decretos"[4].

La extensión de esos destierros se corresponde sin duda con la extensión de una obra cuyo original aún inédito abarca entre cuatro y cinco mil páginas, y de la que los libros publicados parecen ser fragmentos o desgajamientos que se constituyen y autoconforman en una zona de corrientes entrecruzadas; de tensiones y temperaturas poéticas que invaden el espacio narrativo y solicitan —mutatis mutandis— ese "lector diagonal" reclamado por Cortázar para Lezama Lima.

De la obra inédita, titulada *Umbral*, se han publicado no más de quince o veinte páginas, pero quienes han tenido acceso a los originales insinúan la pertenencia de los libros editados al conjunto de *Umbral* o por lo menos a su misma atmósfera[5]. Esos libros (las novelas *Miltín 1934*, *Un año* y *Ayer*, de 1935, y el volumen de cuentos *Diez*, de 1937) aparecieron cuando aún prevalecía la norma mundonovista (la verdad es que imperaba sin un real contrapeso), y aunque la época comenzaba a experimentar los efectos del trabajo de zapa que los poetas realizaron antes que nadie incluso en la prosa[6], la propuesta de Juan Emar resultaba excesiva para las limitaciones del medio.

[2]Uno de esos escritores fue Cristián Huneeus, autor de las primeras noticias escritas sobre *Umbral*. Véase, al final de este trabajo, la bibliografía selectiva que he preparado.

[3]Pablo Neruda: "J.E.", prólogo a *Diez*. Segunda edición, 1971, p. 10.

[4]*Id.*, *Ibíd.*, p. 9.

[5]Cf. especialmente el primer artículo de Cristián Huneeus. También la breve presentación publicada por J.P. Yáñez en *Cormorán*. Mi "Contribución a la bibliografía de J.E." actualiza estos datos. *Infra*, pp. 71-74.

[6]Recuérdense las obras narrativas de Huidobro y la de Neruda. Otra propuesta significativa en esos años —y finalmente más afortunada en el encuentro con un público— fue la de María Luisa Bombal: *La última niebla* (1935) y *La amortajada* (1938), ambas publicadas en Buenos Aires.

La adopción de un seudónimo es siempre sintomática, pero en su grado más alto puede revelar —y de hecho revela— una conciencia extrema de la naturaleza imaginaria de toda creación poética[7]. En la literatura chilena este es el caso de Juan Emar, y a ese rasgo alude desde el título el artículo de Eduardo Anguita: "Juan Emar fuera del mundo"[8]. En un plano obvio, la frase se refiere a su muerte, pero en otro, más rico de sentido, a la intensidad del "extrañamiento" que Anguita reconoce como "manifestación del desdoblamiento propio del espíritu, que viviendo en este mundo, no es de este mundo y registra, con impávido rostro, el movimiento de la vida".

Porque lo primero que debe tenerse en cuenta es la delimitación de fronteras entre el espacio real y el espacio imaginario realizada por Juan Emar al asumir una condición de narrador siempre incluido en el mundo ficticio como personaje de ese mundo, que además es un territorio otro —como Santa María, de Onetti; Comala, de Rulfo, o Macondo, de García Márquez. En la novela *Ayer* se llama San Agustín de Tango, y en una nota al pie de página aparece localizado en estos términos:

'San Agustín de Tango', ciudad de la República de Chile, sobre el río Santa Bárbara, a 32 grados de latitud sur y 73 grados de longitud oeste; 622,708 habitantes. Catedral, basílica y arzobispado. Minas de manganeso en los alrededores[9].

Ese libro incluye un mapa más o menos minucioso en el registro de ciertos lugares: una prisión legal, una cárcel católica, la Taberna de los Descalzos (donde se bebe habitualmente agua de tilo), la Plaza de la Casulla, el Zoológico de San Andrés, etc. Tales precisiones no describen ningún sitio ubicable en la geografía real, sino en aquella que la imaginación inventa e impone. Lo mismo ocurre en *Miltín 1934*, donde una de las ciudades es Illaquipel, famosa por su flora y su fauna: fucsias gigantescas, cuyos pétalos forman "profundas, lóbregas galerías aterciopeladas y carnosas" que es necesario recorrer marchando de a uno en fondo; o un extraño animalillo llamado perenquenque, travieso triturador de cadenas de oro y de puñales. Estas múltiples direcciones de lo imaginario expresan una conciencia que vive plenamente la literatura como actividad instauradora, y anticipan aspectos singulares de lo que años después empezaría a denominarse "lo real maravilloso".

[7] Cf. algunas observaciones que pueden relacionarse con esta idea en Vítor Manuel de Aguiar e Silva: *Teoría de la literatura*. Versión española de Valentín García Yebra. Madrid, Editorial Gredos, S.A., 1972 (*Biblioteca Románica Hispánica*), p. 115.

[8] Cf. *infra*, p. 72.

[9] *Ayer*, p. 5.

Los habitantes de estos pueblos tienen nombres que a menudo proyectan resonancias de la geografía chilena en el personaje novelesco: el pintor Rubén de Loa, Rudecindo Malleco, Matilde Atacama, Estanislao Buin, el hombre Martín Quilpué. Para estos personajes de San Agustín de Tango, de Illaquipel o de los alrededores de Miltín —que con variaciones son siempre el mismo y único mundo de Juan Emar—, lo insólito adviene con naturalidad, el anacronismo suele ser la norma, el principio de causalidad no rige o es manifestación de otro orden absoluto o secreto; por último, los objetos pueden irrumpir entre los hombres como entes dotados de propósitos y terminar imponiendo sus designios enigmáticos. Pero siempre el narrador (y en esto reside gran parte de su eficacia) asume imperturbablemente la realidad —la superrealidad— que vive. El tono narrativo gobernado por ese humor esencial que se vincula a la tradición rabelesiana es otro de los factores decisivos para lograr el distanciamiento irónico que requiere la configuración de ese mundo.

Un ejemplo muy ilustrativo del anacronismo elevado a la categoría de procedimiento literario normal a que aludí más arriba, y del tono regocijado de la exposición, es el relato de una batalla entre indios y españoles en 1541, en la que los contendientes emplean gases asfixiantes, ametralladoras, pistolas automáticas, y los tanques —como grandes hipopótamos o ágiles gacelas— caen sobre compañías enteras de españoles o de indios. El triunfo español es celebrado frenéticamente por el conquistador Pedro de Valdivia y sus huestes con el himno "*Juventud, juventud, torbellino, / Soplo eterno de eterna ilusión*", mientras los indios prisioneros modulan pesarosos, y entre dientes, los "Barqueros del Volga"[10]. Todo esto para justificar la palabra "Miltín" —nombre de un lugar que procedería del nombre de un cacique araucano: ambos, lugar y personaje históricos, son por cierto igualmente creados. Sólo Huidobro, entre nosotros, había acudido a parecidos recursos en sus novelas, y es oportuno consignar esa cercanía estimulante, apuntada también por el mismo Emar en una nota al episodio de "Abril 1°" de *Un año*, que de paso convierte su agradecimiento por una imagen novedosa que le habría sugerido Huidobro en una veloz reflexión sobre la escritura dentro de la escritura[11].

La recurrencia a lo desmesurado en el recuento de cosas y situaciones —central en la obra de Emar— no sólo cumple la función de afirmar la irrealidad de su mundo, sino la de legitimar la realidad de las visiones poéticas. O dicho de otro modo: esa insistencia es también un signo que proclama las posibilidades de enriquecimiento del mundo, cuando se suman a lo que enten-

---

[10]*Miltín 1934*, p. 74 y ss.

[11]Cf. también: Jean Emar: "Con Vicente Huidobro: Santiago, 1925", *La Nación*, Santiago de Chile, 29 de abril de 1925. Incluido en *Vicente Huidobro y el creacionismo*. Edición de René de Costa, Madrid, Taurus, 1975. (*Persiles-77*. Serie El Escritor y la Crítica), pp. 77-81.

demos y vivimos como factualidad los productos que la imaginación es capaz de imponer apenas cae abolido el prejuicio racionalista. Por eso, lo que en Emar empieza como demarcación de fronteras de lo real y lo imaginario termina ofreciéndose como canje y fusión de esos espacios en la dinámica zona de las figuraciones suprarreales.

Creo que la intensidad de su apertura hacia virtualidades que devinieran incesantemente actos u objetos nuevos explica, en parte, la indiferencia de Juan Emar por lo que la Academia llamaría "labrarse un estilo". No se requiere gran esfuerzo para sorprender lo que desde esa perspectiva serían las "limitaciones de su escritura": deslizamientos verbales cercanos al mal gusto, cierto candor de primitivo, renuncia a la búsqueda de la eufonía como valor en sí mismo. También podría vincularse a esa apertura su rechazo al concepto tradicional de argumento, porque en seguida se advierte hasta qué punto asume el riesgo de adelgazar el hilo narrativo que desenvuelve (en *Miltín 1934* aun más que en las otras dos novelas) hasta el ocultamiento o la casi total desaparición, cada vez que su conflicto o el de otro de los personajes lo absorbe y lo desvía hacia la reflexión irónica, reiterativa o simplemente absurda. Y mientras llega la hora de una crítica que caracterice estas preferencias como posibilidades o rasgos funcionales y no sólo como defectos, lo imaginaré a menudo leyendo en actitud aprobatoria y con algún regocijo estos versos de Enrique Lihn:

> ... ah, y el estilo que por cierto no es el hombre
> sino la suma de sus incertidumbres[12].

Se han mencionado sin impertinencia los nombres de Raymond Roussel, Proust, Kafka y Michaux para delinear sus posibles influencias y relaciones. No son observaciones infundadas. Tampoco lo es afirmar la propiedad y originalidad con que hizo suyos lo tradicional y lo contemporáneo hasta ser para nosotros en más de un sentido —como insinúa Neruda— un antecesor secreto, todavía invisible.

IV

He mencionado el carácter insólito de los acontecimientos en el mundo de Emar, y antes de terminar esta nota es necesario ofrecer una muestra textual brevemente enmarcada en su contexto.

---

[12]Enrique Lihn: "Mester de juglaría", en *La musiquilla de las pobres esferas*. Santiago de Chile, Editorial Universitaria, 1969. (*Colección Letras de América*, 18).

La novela *Un año*, que asume la forma de un diario, refiere los sucesos del primer día de cada mes, en una relación memoriosa destinada a rescatar momentos significativos de Juan Emar o de los personajes cuyas aventuras comparte. El 1° de enero el narrador sale de su casa con un ejemplar de *La Divina Comedia* ilustrada por Doré. Decide contemplar la ciudad y los campos lejanos desde lo alto de una torre, y al subir la escalera ocurre esto:

> ... a la altura del vigesimonono peldaño, di un trastabillón (¡qué linda palabra!) y *La Divina Comedia* se me soltó de bajo el brazo y rodó.
> Rodó escalera abajo. Llegó a la puerta, traspuso el umbral, dio de tumbos por la plaza. Se detuvo cerca del centro, se detuvo de espaldas y abierta, grandemente abierta: página 152, canto vigesimotercero. A un lado, el texto; al otro, una ilustración: entre altos despeñaderos aislados y sobre un suelo liso, un hombre por tierra, desnudo, de espaldas, los brazos abiertos [...] crucificado [...].
> Dante y Virgilio miraban a aquel hombre [...].

Como se habrá advertido, se trata del episodio que se refiere a Caifás, condenado a sufrir eternamente las pisadas de los caminantes por haber aconsejado la muerte de Cristo. El narrador continúa:

> Empezó a llover. Cayó el agua despiadadamente. *La Divina Comedia* se mojaba, se filtraba [...]. Bajé, llegué junto al libro, me agaché, estiré una mano y lo cogí [...]. Entonces tiré hacia mí. Y aquí, ¡atención!
> [...] mi mano retrocedía acercándose. Allá, como su presa, el libro abierto también. Y con el libro venían los despeñaderos, el suelo liso y dos figuras: Dante y Virgilio.
> ¡Atención! Dos figuras. No tres. Porque el hombre crucificado, crucificado siempre, no venía. A pesar de sus tres clavos, resbalaba por sobre su página, mejor dicho dejaba resbalar la página, el libro todo bajo él.
> Al cabo de un momento sus pies salían fuera por la base. Sus piernas, su espalda, sus brazos en cruz, su nuca que, al dar contra el pavimento, sonó con golpe seco. Los tres clavos se hundieron en las piedras[13].

El hecho imaginado por Dante e ilustrado por Doré —ficción ya doblada en el libro que Juan Emar lleva consigo— se prolonga en otra ficción (que es el relato de lo que le sucede al narrador), sugiriendo múltiples proyecciones y desplazamientos que significan la incertidumbre de toda realidad. He aquí otro hermoso e intranquilizador ejemplo del motivo que Oscar Hahn denomina "los mundos comunicantes"[14].

[13]*Un año*, pp. 7, 8, 9.
[14]"Julio Cortázar en los mundos comunicantes", en Óscar Hahn. *Texto sobre texto*. Aproximacio-

La situación reseñada como acontecimiento insólito es la primera de una serie de doce en la novela *Un año*. Parecida estructura es la de *Ayer*: también se trata de un minucioso recuento de sucesos inhabituales presididos por una lógica del absurdo, pero en el transcurso de un solo día: el anterior al presente del relato. En ambas obras el procedimiento de la composición es similar: el tiempo fragmentado se proyecta como búsqueda de una unidad posible —un año, un día—, pero al final de uno u otro acecha la amenaza del recomienzo que define el proceso de la disolución del ser en la corriente de la temporalidad. La escritura rehace y recupera el tiempo perdido, y es así momentáneo acto salvador, cuyo grado más terrible de ironía registra la página final de *Ayer*: el narrador intenta reconstruir una y otra vez los hechos del día transcurrido, y de pronto siente que su cuerpo se afloja y "se desparrama por encima de las sábanas". Su mujer conjura entonces este peligro dibujando el cuerpo de Juan Emar, que podrá *permanecer* encerrado por las líneas. La novela concluye de este modo:

> Es verdad. Ahora mi cuerpo, dibujado allí, está comprimido de todos lados; ahora ha vuelto a ser.
> —En cuanto al día vivido, mujer mía [...], lo resumiremos y encuadraremos en tu dibujo de mi cuerpo. Las formas que tú has hecho, lo conservarán en el papel y fuera de mí. Así es que ahora, vamos a dormir.
> —Sí —responde—, vamos a dormir[15].

V

En resumen: Creo que en las novelas y en los cuentos de Juan Emar se despliegan algunas auténticas dimensiones metafísicas destinadas a revelar —por las vías del absurdo y de lo irreal absoluto— la intuición de una conciencia del ser "disperso en la multiplicidad de lo real"[16]. Lo que su obra dice —desde lo fragmentario de la composición hasta el obstinado divagar de

nes a Herrera y Reissig, Huidobro, Borges, Cortázar, Lihn. México, D.F., Universidad Nacional Autónoma de México, 1984, pp. 107-119. También en mi edición: Julio Cortázar, *El Escritor y la Crítica*. Madrid, Taurus Ediciones, S.A., 1981, pp. 333-339.

[15]*Ayer*, p. 113.

[16]Otra vez *mutatis mutandis*: sospecho en Juan Emar parecido empeño al que ocupó la vida de Leopoldo Marechal: un acercamiento entre estos autores tal vez podría resultar fructuoso. Desde luego, ciertas reflexiones de Marechal en las "Claves de *Adán Buenosayres*" me parecen parcialmente aplicables a la obra de Emar. (Cf. L. Marechal: "Claves...", en *Cuaderno de navegación*. Buenos Aires, Editorial Sudamericana, 1966, pp. 121-141).

los personajes— es la urgencia de una recaptura de la unidad en la suma deseada y siempre inalcanzable de otras posibilidades de plenitud. Tales preocupaciones y la eficacia de su planteo narrativo (más allá de negligencias que afectarían sobre todo al equilibrio del discurso) exigen una dedicación crítica que estos apuntes quisieran estimular.

Contribución a la bibliografía de *Juan Emar*

NARRATIVA:

Miltín 1934. Ilustración de Gabriela Emar y otras ilustraciones. Santiago de Chile, Editorial Zig-Zag, 1935. 241 p.

Un año. Tres ilustraciones de Gabriela Emar. Santiago de Chile, Editorial Zig-Zag, 1935. 80 p.

Ayer. Ilustración de Gabriela Emar. Santiago de Chile, Editorial Zig-Zag, 1935. 113 p.

Ayer. [Segunda Edición]. Santiago de Chile, Zig-Zag, 1985. 152 p. (*Los Grandes de la Literatura Chilena. Biblioteca Zig-Zag*, 40).

Diez. Cuatro animales. Tres mujeres. Dos sitios. Un vicio. Santiago de Chile, Ediciones Ercilla, 1937. 202 p. Ilust. Contiene: Cuatro animales: *El pájaro verde; Maldito gato; El perro amaestrado; El unicornio*. Tres mujeres: *Papusa; Chuchezuma; Pibesa*. Dos sitios: *El hotel Mac Quice; El fundo de "La Cantera"*. Un vicio: *El vicio del alcohol*.

Diez. [Segunda edición]. "J.E.", prólogo de Pablo Neruda. Santiago de Chile, Editorial Universitaria, 1971. 171 p. Ilust. (*Colección Letras de América*, 44).

Umbral. Tomo I. Primer Pilar. El Globo de Cristal. Prólogo de Braulio Arenas. Buenos Aires - México, Ediciones Carlos Lohlé, 1977. 295 p.

CUENTOS EN ANTOLOGÍAS

MIGUEL SERRANO. *Antología del verdadero cuento en Chile*. Contiene cuentos de: Pedro Carrillo, Braulio Arenas, Adrián Jiménez, Juan Tejeda, Eduardo Anguita, Teófilo Cid, Juan Emar, Carlos Droguett, Anuar Atías, Miguel Serrano, Héctor Barreto. [Santiago de Chile], Talleres "Gutenberg", 1938: "El unicornio"; "Pibesa", pp. 125-156.

MARÍA FLORA YÁÑEZ. *Antología del cuento chileno moderno. 1938-1958*. Santiago de Chile, Editorial del Pacífico, S.A., 1958. (*Colección Fontana*): "Pibesa", pp. 141-150.

MARÍA FLORA YÁÑEZ. *Antología del cuento chileno moderno*. Segunda edición. Santiago de Chile, Editorial del Pacífico, 1965: "Pibesa", pp. 147-156.

ENRIQUE LAFOURCADE. *Antología del cuento chileno*. Barcelona, Ediciones Acervo, 1969: "El pájaro verde". Tomo I, pp. 201-213.

ALFONSO CALDERÓN, PEDRO LASTRA y CARLOS SANTANDER. *Antología del cuento chileno*. Santiago de Chile, Editorial Universitaria, 1974: "El pájaro verde", pp. 155-164.

MARIO RODRÍGUEZ FERNÁNDEZ. *Cuentos hispanoamericanos*. Cuarta edición corregida y aumentada. Santiago de Chile, Editorial Universitaria, 1983. *(Colección antologías)*: "El pájaro verde", pp. 141-154.

ENRIQUE LAFOURCADE. *Antología del cuento chileno*. Santiago-Chile, Importadora Alfa Ltda., 1985: "Pibesa". Volumen primero, pp. 177-184.

REFERENCIAS*

ANGUITA, EDUARDO. "Juan Emar fuera del mundo". *El Mercurio*, 10 de junio de 1964, p. 5.

ANGUITA, EDUARDO (E.A.). "Juan Emar: nuestro Kafka, nuestro Michaux... y diferente a todos" *Recados*, N° 2, s.f. [1974], pp. 12-13. [Se refiere a *Diez*].

ANGUITA, EDUARDO. "Apuntes sobre Juan Emar". *El Mercurio*, 2 de octubre de 1977, p. II.

ANÓNIMO. "El mundo de la excentricidad y de la sátira. La sátira *Miltín 1934*, por Juan Emar [...]". *Hoy*, N° 190, 12 de julio de 1935, pp. 20-21.

ANÓNIMO. "Dos libros de Juan Emar: *Un año* y *Ayer* [...]". *Hoy*, N° 196, 23 de agosto de 1935, p. 20.

ANÓNIMO. "*Diez*, por Juan Emar [...]". *Hoy*, N° 311, 4 de noviembre de 1937, p. 64.

ARENAS, BRAULIO. "Juan Emar: Un precursor chileno de la nueva novela francesa". *La Nación*, 14 de marzo de 1965, p. 5. Reproducido —con el título de "Juan Emar"— en su libro *Escritos y escritores chilenos*. Santiago, Chile, Editorial Nascimento, 1982, pp. 240-242.

ARENAS, BRAULIO (B.A.). Los libros. "*Diez*, por Juan Emar [...]". *Plan*, N° 82, 30 de septiembre de 1972, p. 19.

ARENAS, BRAULIO. "Prólogo" a *Umbral*. Tomo I. Buenos Aires-México, Ediciones Carlos Lohlé, 1977, pp. I-XIV. Reproducido —con el título "Juan Emar en el umbral"— en su libro *Escritos y escritores chilenos*, pp. 242-256.

ARENAS, BRAULIO. "Un arte de novelar". *El Mercurio*, 25 de noviembre de 1979, p. E-2. [Sobre *Umbral*].

BARRIOS, EDUARDO. "*Miltín*, por Juan Emar". *Las Últimas Noticias*, 26 de junio de 1935, p. 17.

*Cuando se omite el lugar de la publicación, se trata de Santiago de Chile.

BARRIOS, EDUARDO, "Dos libros más de Juan Emar". *Las Ultimas Noticias*, 28 de agosto de 1935, p. 17. [Sobre *Ayer* y *Un año*].

CARRASCO MUÑOZ, HUGO. "Guni Pirque, narratario de *Umbral*". *Revista Chilena de Literatura*, N° 20, noviembre 1982, pp. 63-78.

CARRASCO M., IVÁN. "La metalepsis narrativa en *Umbral*, de Juan Emar". *Revista Chilena de Literatura*, N° 14, octubre 1979, pp. 85-101.

DURÁN V., FERNANDO. "Balance literario. Libros chilenos cruciales de 1977". *El Mercurio*, Valparaíso, 5 de febrero de 1978, p. 1. [Se refiere a *Umbral*].

ESPERGUEZ, RICARDO. "Juan Emar. Retrato hablado del hombre que estaba con el mundo hasta la coronilla" ["Primera parte de un estudio de *Huelén* —Cada persona que lo conoció tiene un recuerdo diferente— Intentamos un acercamiento al personaje real y al protagonista de *Umbral*, primera parte de *El globo de cristal*, obra publicada trece años después de su muerte". Entrevistas a María Flora Yáñez, Marcela Yáñez Rivadeneira y Gabriela Rivadeneira. Fragmentos de los prólogos de P. Neruda y B. Arenas. "El caso 'Juan Emar'", por R. Esperguez]. *Huelén*, N° 1, diciembre de 1980, pp. 4-8.

ESPINOZA ORELLANA, MANUEL. "*Diez*". *La Nación*, 9 de enero de 1972, Suplemento, p. 10.

HUNEEUS, CRISTIÁN. "La tentativa infinita de Juan Emar". Revista *Desfile*, N° 115, 15 de diciembre de 1967, pp. 21-22. En los dos números siguientes se publicó el texto "Dos palabras a Guni", que es el prólogo de *Umbral* (N° 116, 22 de diciembre de 1967, pp. 21-23, y N° 117, 5 de enero de 1968, pp. 19-21).

HUNEEUS, CRISTIÁN. "Emar no es profeta en su tierra. La azarosa ruta de un manuscrito notable que "no pudo" editarse en Chile, contada por uno de los que primero tuvieron acceso a él". *Hoy*, N° 13, 24 al 30 de agosto de 1977, pp. 33-35. [Nota de C.H. y entrevista a Carlos Lohlé].

HUNEEUS, CRISTIÁN. Opiniones: "Situación de *Umbral*". *Hoy*, N° 14, 31 de agosto al 6 de septiembre de 1977, p. 42.

IBÁÑEZ LANGLOIS, JOSÉ MIGUEL (*Ignacio Valente*). "Juan Emar: *Diez*". *El Mercurio*, 10 de octubre de 1971, p. 3.

IBÁÑEZ LANGLOIS, JOSÉ MIGUEL. "Juan Emar: *Ayer* y *Un año*". *El Mercurio*, 23 de julio de 1972, p. 5.

IBÁÑEZ LANGLOIS, JOSÉ MIGUEL. "Juan Emar: *Miltín 1934*". *El Mercurio*, 20 de agosto de 1972, p. 7.

IBÁÑEZ LANGLOIS, JOSÉ MIGUEL. "Juan Emar: *Umbral*". *El Mercurio*, 14 de agosto de 1977, p. III.

IÑIGO MADRIGAL, LUIS. "*Diez*, de Juan Emar". *La Nación*, 24 de octubre de 1971, p. 3.

LASTRA, PEDRO. "Rescate de Juan Emar". *Revista de Crítica Literaria Latinoamericana*. Lima, Perú, Año III, N° 5, 1er semestre 1977, pp. 67-73.

MARTÍNEZ, ERIK. "Juan Emar: La vigencia de un escritor olvidado". *La Quinta Rueda*, N° 9, agosto de 1973, pp. 10-11.

MELÉNDEZ, LUIS. "Mundos individuales". *El Diario Ilustrado*, 15 de marzo de 1936, p. 2. [Se refiere a *Imaginero de la infancia*, de Lautaro García, y a *Miltín 1934*, de J.E.].

MENGOD, VICENTE. "Aproximaciones a *Umbral*, de Juan Emar". *El Mercurio*, 16 de octubre de 1977, p. III. [Versión levemente abreviada en *Atenea*. Universidad de Concepción, Concepción, N° 436, segundo semestre 1977, pp. 311-312].

MIRÓ, CÉSAR. "*Miltín*, antinovela y sátira social". *El Mercurio*, 1° de septiembre de 1935, p. 7. Reproducido en *El Mercurio*, 1° de junio de 1980, p. E-7.

MORI, CAMILO. "Proyección de Pilo Yáñez". *Pro Arte*, edición 101, 28 de julio de 1950, p. 7. [A propósito de una exposición de Álvaro Yáñez, comentada en la misma página de *Pro Arte* por Víctor Carvacho].

NERUDA, PABLO. "J.E.", prólogo a *Diez*. [Segunda edición]. Santiago de Chile, Editorial Universitaria,1971, pp. 9-10.

OGAZ, DÁMASO. "La cosmetología absurda de Juan Emar". *Imagen*. Caracas, N° 38-39, 1/31 diciembre de 1968, pp. 6-7.

OSORIO, NELSON. "Un Macondo criollo y olvidado". *Las Noticias de Última hora*, 31 de mayo de 1971, p. 5.

QUEZADA, JAIME. "La resurrección de Juan Emar. Reciente publicación reivindica a uno de los escritores chilenos más notables. Sus primeros libros pasaron sin pena ni gloria. *Umbral* [...]". *Ercilla*, N° 2.202, 12 de octubre de 1977, pp. 47-48.

SOLAR, HERNÁN DEL. Obras y autores: "Juan Emar: *Diez*". *El Mercurio*, 30 de octubre de 1977, p. II.

TEILLIER, JORGE. "Juan Emar, ese desconocido". *La Nación*, 8 de octubre de 1967, p. 5. [En un texto poético posterior, Teillier alude una vez más a J.E. en un verso que es al mismo tiempo un homenaje y una valoración: "Sigo leyendo a Juan Emar que inventó en 1934 la ciudad de San Agustín de Tango sin conocer Macondo". Véase "Treinta años después", en *Muertes y maravillas*. Santiago de Chile, Editorial Universitaria, 1971. (*Colección Letras de América*, 45), p. 141].

URRA SALAZAR, MARCOS. "Sobre la situación narrativa de *Umbral* de Juan Emar". *Estudios Filológicos*. Universidad Austral de Chile, Valdivia, N° 16, 1981, pp. 183-188.

VALDÉS, ADRIANA. "La situación de *Umbral*, de Juan Emar". *Mensaje*, N° 264, noviembre 1977, pp. 651-656.

YÁÑEZ, JUAN PABLO. "El autor casi desconocido". Revista *Cormorán*, Año I, N° 6, febrero-marzo de 1970, p. 14. Incluye fragmentos del prólogo y del tomo II del "Primer Pilar" de la obra inédita de J.E.

6. Itinerarios
de ¡Écue-Yamba-Ó!

E N VARIAS OCASIONES, Alejo Carpentier se ha referido a su novela *¡Écue-Yamba-Ó!*, y casi siempre para enfatizar lo que desde una perspectiva actual considera como sus limitaciones fundamentales:

> Esta primera novela mía es tal vez un intento fallido por el abuso de metáforas, de símiles mecánicos, de imágenes de un aborrecible mal gusto futurista y por esa falsa concepción de lo nacional que teníamos entonces los hombres de mi generación. Pero no todo es deplorable en ella. Salvo de la hecatombe los capítulos dedicados al "rompimiento" ñáñigo [1].

Un año después de esta declaración, respondió a una pregunta de Mario Vargas Llosa acerca de ese libro "tan difícil de encontrar hoy día":

> El primero que no quiere encontrarse con ese libro soy yo. No considero que sea un libro fallido del todo, que sea una novela totalmente mala. Hay el capítulo consagrado al "juramento ñáñigo", por ejemplo, una ceremonia de iniciación de una sociedad secreta cubana, que no considero malogrado en modo alguno. Pero ese libro fue concebido en una época en que padecíamos todos en América Latina —y usted felizmente no pasó por allí— de una tendencia mecanicista, futurista, ultraísta, que nos hizo mucho daño. Había en aquel momento que unir las descripciones de cosas a símiles mecánicos, había que emplear la metáfora en una forma absolutamente desaforada, y ese libro fue escrito dentro de la estética de ese momento. Es decir, se trató de un libro demasiado condicionado por la estética de un momento determinado de la literatura latinoamericana. Momento en que poetas había en América Latina que no vacilaban en titular un libro *Veinte poemas para ser leídos en el tranvía*, etc. Y *¡Écue-Yamba-Ó!*, creo, adolece mucho de esa fiebre: fiebre de juventud, fiebre de adolescencia [2].

En su ensayo "Problemática de la actual novela latinoamericana", incluido en

---

[1] César Leante. "Confesiones sencillas de un escritor barroco". *Cuba*. Revista mensual. La Habana, año III. N° 24, abril 1964, pág. 32.

[2] Mario Vargas Llosa. "Cuatro preguntas a Alejo Carpentier". *Marcha*. Montevideo, año XXVI, N° 1246, marzo 12 de 1965, pág. 31.

Tientos y diferencias[3], aludió también a la experiencia que significaba para él esta novela, como ilustración de la escasa profundidad lograda por el método "naturalista-nativista-tipicista-vernacular aplicado, durante más de treinta años, a la elaboración de la novela latinoamericana":

> En una época caracterizada por un gran interés hacia el folklore afrocubano recién "descubierto" por los intelectuales de mi generación, escribí una novela [...] cuyos personajes eran negros de la clase rural de entonces. Debo advertir que crecí en el campo de Cuba en contacto con campesinos negros e hijos de campesinos negros; que, más tarde, muy interesado por las prácticas de la *santería* y del "ñañiguismo" asistí a innumerables ceremonias rituales. Con esa "documentación" escribí una novela que fue publicada en Madrid, en 1932 [sic], en pleno auge del "nativismo" europeo. Pues bien: al cabo de veinte años de investigaciones acerca de las realidades sincréticas de Cuba, me di cuenta de que todo lo hondo, lo verdadero, lo universal, del mundo que había pretendido pintar en mi novela, había permanecido fuera del alcance de mi observación (págs. 12-13)[4].

En efecto, esos juicios son válidos, pero a pesar de ellos es necesario intentar una revisión de las particularidades de la obra, que permita reconocerla en una dimensión más rescatable para el interés del estudioso de Carpentier. Estas notas están organizadas a partir de ese propósito, y por eso me atendré especialmente a dos aspectos: a destacar su valor ilustrativo del enfrentamiento de dos normas literarias, y a poner de relieve ciertos rasgos que la muestran como manifestación germinal de un planteo narrativo cuya coherencia se hace evidente a partir de *Viaje a la semilla* (1944) y, aún más, desde *El reino de este mundo* (1949).

I

¡Écue-Yamba-Ó! aparece en un momento en que dos normas, dos direcciones ideológicas y literarias se contraponen críticamente en Hispanoamérica. De una parte, en la década del 30 alcanza su vigencia plena la obra de la generación mundonovista ("era la época de *Don Segundo Sombra* y *La vorágine*", recuerda Carpentier[5]), cuya gestión corresponde a las últimas expresiones del naturalismo y de su correlato filosófico, el positivismo. En pugna con esas preferencias

---

[3]México, Universidad Nacional Autónoma de México, 1964, págs. 5-46.

[4]Entre otras, las indagaciones de Lydia Cabrera procuran una base documental muy amplia para el estudio de esas realidades señaladas por Carpentier. Véase, de esta autora, *El monte. Igbo-Finda. Ewe Orisha. Vititi Nfinda.* (Notas sobre las religiones, la magia, las supersticiones y el folklore de los negros criollos y del pueblo de Cuba). Miami, Florida, Colección del Chichereú, 1968.

[5]César Leante. "Confesiones sencillas de un escritor...", pág. 31.

—definidas por el modo como se configuraba el enfrentamiento del hombre con la naturaleza— la nueva generación cuestionaba en forma más o menos abierta ese sistema preocupado por ofrecer la imagen legal de un mundo que ahora era sentido en su radical fragmentación. Creo que en ese punto crucial se inscribe *¡Écue-Yamba-Ó!*, y por eso considero sus vinculaciones con las obras que fueron llamadas "novelas ejemplares de América" como más aparentes que efectivas. Detrás de su nativismo, y aunque con impericia, hay una vislumbre de auténticos contextos (ctónicos, telúricos y épico-políticos, por ejemplo)[6]; además, la recepción del surrealismo —al que Carpentier paga ya un tributo inicial— lo aleja saludablemente del prejuicio racionalista que impidió a los narradores anteriores penetrar en los hondones de lo americano, aunque hubo entre ellos quienes teóricamente se lo propusieron. Y no es poco sorprendente señalar, por lo menos en un caso, algunas coincidencias entre aquellas proposiciones programáticas y las que Carpentier formularía por primera vez en 1949 en el prólogo a *El reino de este mundo*.

El caso a que aludo es el de Francisco Contreras, escritor chileno nacido en 1877, quien realizó en Francia una intensa tarea de difusión de la literatura hispanoamericana entre 1911 y 1933, especialmente como crítico del *Mercure de France*. La denominación de "Mundonovismo" para la tendencia americanista de la generación de Gallegos, Rivera, Güiraldes, Lynch, Latorre, Alcides Arguedas, se debe a algunas notas suyas de 1917, reelaboradas en varias ocasiones y publicadas, diez años más tarde, como "Proemio" a la edición en español de su novela *El pueblo maravilloso*, impresa en París por la Agencia Mundial de Librería[7].

Francisco Contreras enfatiza el carácter unitario de la América española no sólo por el reconocimiento de la comunidad del origen y de la lengua, sino también por la riqueza de una tradición diferenciada: "Los recientes estudios de folklore nos están haciendo ver que poseemos una verdadera mitología inspirada por la teogonía indígena y por la superstición española modificadas por el ambiente" (pág. 6). La descripción de los rasgos de lo americano, que desarrolla a continuación, son fundamentaciones de una estética, válida precisamente para esa hora en que se escribe *¡Écue-Yamba-Ó!*[8]:

[6]La idea de los contextos ha sido desarrollada por Carpentier en el ensayo citado en nota 3. *Vid.* págs. 19 y ss.

[7]Sobre Francisco Contreras véase la exhaustiva cartilla biobibliográfica publicada en el *Boletín del Instituto de Literatura Chilena*. Santiago, año III, N° 6, diciembre de 1963, págs. 4-12.

[8]Me refiero, por supuesto, a la voluntad crítica y renovadora de la nueva generación superrealista. Los principios de Contreras coinciden con la posición inicial de varios escritores jóvenes de ese momento, conscientes ya de la insuficiencia del naturalismo. Téngase en cuenta que la primera versión de la novela de Carpentier fue escrita en la "Cárcel de La Habana, agosto 1-9 de 1927", según se indica en la pág. 225 de la edición de 1933.

Como todas las sociedades primitivas, los pueblos hispanoamericanos tienen la intuición muy despierta de lo maravilloso, esto es, el don de *encontrar* vínculos más o menos figurados con lo desconocido, lo misterioso, lo infinito. Pues, bien consideradas, las supersticiones y su encarnación: el mito, son manifestaciones subconscientes del espíritu religioso en la más amplia acepción de la palabra. Si no constituyen verdades concretas más que para algunos hombres ignorantes o ingenuos, representan para todos esas verdades secretas, simbólicas, clave del misterio de la vida. Nuestra mitología es, pues, elemento esencial precioso de nuestro espíritu colectivo.

Este fondo característico y tradicional se conserva viviente y trascendente en todos nuestros países, a pesar del progreso y de la inmigración extranjera, más notable, por cierto, en el campo y las aldeas, pero visible todavía en las ciudades y aun en las capitales (pág. 6).

Aunque no es difícil advertir alguna presión determinista en el texto ("...el Mundonovismo [...] en pos de asimilarse las verdaderas conquistas del Modernismo, aspira a crear una literatura autónoma y genuina, busca instintivamente su inspiración en nuestro tesoro tradicional y característico, a fin de reflejar las grandes sugestiones de la tierra, de la raza, del ambiente", págs. 7-8), Contreras no ignora las posibilidades que ha abierto Freud para interpretar al "hombre integralmente", y recomienda no olvidar los fenómenos de la subconsciencia o de lo inconsciente, pues "nuestra maravillosidad tradicional [...] es la simbolización subconsciente y, por tanto más profunda, de nuestro espíritu" (pág. 8). Aún más, al exponer los principios de una nueva "Novela Integral y Lírica" llama la atención sobre notas de la realidad que corresponden de algún modo a las que Carpentier considera en el desarrollo de su idea de los contextos (la existencia material, sentimental e ideológica, a la vez que la vida recóndita, oculta, subconsciente). Creo que es ésa la dimensión estética en que se sitúa *¡Écue-Yamba-Ó!*, y de ahí su marcado carácter transicional —en el conjunto de la novela hispanoamericana— hacia la norma estrictamente superrealista que Carpentier asume en 1944 con *Viaje a la semilla*[9].

[9] Al presentar esta ponencia en el Simposio sobre Alejo Carpentier organizado por la Universidad de Yale (17 de abril de 1971), ignoraba que el novelista hubiera conocido la obra de F. Contreras y por lo tanto este "Proemio" de 1927. El profesor Klaus Müller-Bergh me procuró en esa ocasión un dato absolutamente comprobatorio: en la revista *Social* de La Habana, Vol. 10, N° 6, junio de 1925, se publicó la traducción, firmada por Alejo Carpentier, de uno de los episodios de la novela de Contreras —que como se sabe apareció primero en francés con el título de *La ville merveilleuse*. París, La Renaissance du Livre, 1924. Se trata de la pieza *El mochuelo*, y se encuentran en las págs. 42 y 84 de la revista. No me ha sido posible consultar *Social*, pero conjeturo que debe corresponder por lo menos a un fragmento del episodio *La lechuza* (edición española, págs. 203-237). Lo que sí parece indudable es que la lectura del "Proemio" ha debido significar, en ese tiempo, una incitación valiosa para Carpentier.

II

¡Écue-Yamba-Ó! contiene en germen la percepción de la realidad que se despliega plenamente en las obras posteriores; se anuncian allí ciertas situaciones, una particular manera de configurar el mundo, rasgos constantes que insinué en un trabajo de 1962[10] y que Carlos Santander ha desarrollado lúcidamente desde una perspectiva justa en su ensayo "El tiempo maravilloso en la obra de Alejo Carpentier": "... adjetivos menos —ideas más— es la misma mano la que pulsa con regularidad el trazo de la estructuración y composición de sus novelas"[11].

Las relaciones que se pueden sorprender entre la primera obra y las siguientes son de diversa naturaleza, pero me limitaré ahora a mostrar aquellas que pueden considerarse como más relevantes:

1° OPOSICIÓN DE ESPACIOS

El sentido profundo de la oposición de espacios en la narrativa de Carpentier ha sido analizado ya en varias indagaciones críticas, y resulta innecesario insistir en ese aspecto. Para los fines de este trabajo basta con tener en cuenta que esa oposición (campo-ciudad en *¡Écue-Yamba-Ó!*, América [África]-Europa en *El reino de este mundo*, por ejemplo), se resuelve en rigor en oposición de mundos, atrayendo la noción de temporalidad: el tiempo del origen— el del presente, y que constituye para el novelista, como dice Santander, "el principio ordenador del cosmos", al plasmar a través de los personajes de la *Revelación* "la intuición básica de que el *allá* maravilloso es nuestro *aquí* americano —caribeño en su concreción— y que este *aquí* posee una realidad inmediata, aparente o primera, no muy distinta tal vez de cualquiera de las otras que nos fatigan, y, sin embargo —al modo de la tríada dialéctica— en ella misma, en sus texturas, contiene una *realidad segunda* —el *allá*— definida por el modo peculiar de encontrarse el querer hacer europeo, la voluntad europea y su Razón con un alma en que percuten asordadas voces tribales"[12].

Ya en la primera novela la polaridad indicada cumple una función tan esencial como en las obras posteriores, aunque en un plano de significación

---

[10]"Notas sobre la narrativa de Alejo Carpentier". *Anales de la Universidad de Chile*, N° 125, 1962; págs. 94-101. A partir de ese trabajo informativo, que ahora considero muy insuficiente, he elaborado esta ponencia.

[11]*Estudios Filológicos*. Universidad Austral, Valdivia (Chile), N° 4, 1968, págs. 107-129, *Vid*, págs. 120 y ss.

[12]*Ibídem*, págs. 114, 125, *passim*.

más restringido. El acercamiento de algunos textos permitirá ver el desarrollo que adquiere el motivo:

En ¡Écue-Yamba-Ó!:

Menegildo imaginaba sobre todo, como un héroe de romance, a aquel Antonio, primo suyo, que vivía en la ciudad cercana, y que, según contaban, era fuerte pelotero y marimbulero de un sexteto famoso, a más de benemérito limpiabotas ¡El Antonio ése debía ser el gran *salao*...! Haciendo excepción de estas admiraciones, el mozo había considerado siempre sin envidia a los que osaban aventurarse más allá de las colinas qué circundaban al San Lucio. No teniendo "ná que buscal" en esas lejanías, y pensando que, al fin y al cabo, bastaba la voluntad de ensillar una yegua para conocer el universo, evocaba con incomprensión profunda a los individuos, con corbatas de colorines, que invadían el caserío cada año, al comienzo de la zafra, para desaparecer después, sorbidos por las portezuelas de un ferrocarril. Pero más que todos los demás, los yanquis, mascadores de andullo, causaban su estupefacción. Le resultaban menos humanos que una tapia, con el hablao ese que ni Dió entendía. Además, era sabido que despreciaban a los negros... ¿Y qué tenían los negros? ¿No eran hombres como los demás? ¿Acaso valía menos un negro que un americano? Por lo menos, los negros no *chivaban* a nadie, ni andaban robando tierras a los guajiros, obligándoles a vendérselas por tres pesetas. ¿Los americanos? ¡*Saramambiche*...! Ante ellos llegaba a tener un verdadero orgullo de su vida primitiva, llena de pequeñas complicaciones y de argucias mágicas que los hombres del Norte no conocerían nunca[13].

En *Viaje a la semilla:*

Melchor venía de muy lejos. Era nieto de príncipes vencidos. En su reino había elefantes, hipopótamos, tigres y jirafas. Ahí los hombres no trabajaban, como Don Abundio, en habitaciones oscuras, llenas de legajos. Vivían de ser más astutos que los animales. Uno de ellos sacó el gran cocodrilo del lago azul, ensartándolo con una pica oculta en los cuerpos de doce ocas asadas. Melchor sabía canciones fáciles de aprender, porque las palabras no tenían significado y se repetían mucho. Robaba dulces en las cocinas; se escapaba, de noche, por la puerta de los cuadrerizos, y, cierta vez, había apedreado a los de la guardia civil, desapareciendo luego en las sombras de la calle de la Amargura[14].

[13]*¡Écue-Yamba-Ó!* historia afrocubana. Madrid, Editorial España, 1933, págs. 65-66. Las citas siguientes corresponden también a esta edición.

[14]Del volumen *Guerra del tiempo*. Tres relatos y una novela. México, Compañía General de Ediciones, S.A., 1958, págs. 100-101.

En *El reino de este mundo:*

... Ti-Noel había sido instruido en esas verdades por el profundo saber de Mackandal. En el África, el rey era guerrero, cazador, juez y sacerdote; su simiente preciosa engrosaba, en centenares de vientres, una vigorosa estirpe de héroes. En Francia, en España, en cambio, el rey enviaba sus generales a combatir; era incompetente para dirimir litigios, se hacía regañar por cualquier fraile confesor, y, en cuanto a riñones, no pasaba de engendrar un príncipe debilucho, incapaz de acabar con un venado sin ayuda de sus monteros, al que designaban, con inconsciente ironía, por el nombre de un pez tan inofensivo y frívolo como era el delfín. Allá, en cambio —en *Gran Allá*—, había príncipes duros como el yunque y príncipes que eran el leopardo y príncipes que conocían el lenguaje de los árboles, y príncipes que mandaban sobre los cuatro puntos cardinales, dueños de la nube, de la semilla, del bronce y del fuego[15].

En *Los pasos perdidos:*

Sólo un hombre blanco vieron antes que él, y piensan, como los de muchos pueblos de la selva, que somos los últimos vástagos de una especie industriosa, pero endeble, muy numerosa en otros tiempos, pero que está ahora en vías de extinción.

'El oro —dice el Adelantado— es para los que regresan allá'. Y ese *allá* suena en su boca con timbre de menosprecio —como si las ocupaciones y empeños de los de *allá* fuesen propias de gentes inferior—. Es indudable que la naturaleza que aquí nos circunda es implacable, terrible, a pesar de su belleza. Pero los que en medio de ella viven, la consideran menos mala, más tratable, que los espantos y sobresaltos, las crueldades frías, las amenazas siempre renovadas, del mundo de *allá*[16].

El mundo narrativo desplegado entre dos polos (establecidos básicamente en la oposición espacio-temporal, y sus implicaciones, que ha sido el centro de los estudios de Santander) ocurre, pues, desde la primera novela. *Esencialmente*, el proceso de construcción es el mismo. A Menegildo Cué, como a tantos otros personajes de Carpentier, le es revelada también la precaria condición de la realidad presente, y por esa vía descubre "su pequeñez y debilidad ante la vasta armonía de las fuerzas ocultas" (pág. 60). Como en *El reino de este mundo* (y allí postulado desde el prólogo por el autor) los personajes se tensan hacia una

---

[15]Cito por la edición de Santiago de Chile, Editorial Universitaria S.A., 1967 (Colección *Letras de América*, 2), pág. 23.

[16]México, D.F., E.D.I.A.P.S.A. Edición y Distribución Ibero Americana de Publicaciones, S.A., 1953. *Vid.* págs. 234-235 y 236.

realidad *otra* porque creen en ella. Menegildo, Salomé, el viejo Beruá, "conservaban la altísima sabiduría de admitir la existencia de las cosas en cuya existencia se cree" (pág. 63); dicho con otras palabras —las del prólogo a *El reino de este mundo*— "... la sensación de lo maravilloso presupone una fe. Los que no creen en santos no pueden curarse con milagros de santos...". Por eso no es extraño para Menegildo que el *embó* o sortilegio de brujería realizado para él por el sabio Beruá surta efecto y consiga así el amor de Longina, como en otro plano no puede sorprender a los negros la transformación liberadora de Mackandal. Desde luego, importa calibrar las diferencias de significación y enfatizar —como lo hace Dorfman— que cualitativamente *¡Écue-Yamba-Ó!* no alcanza la densidad de las demás obras entre otras cosas, porque "lo maravilloso, como el lenguaje, está mirado con ojos costumbristas, que desean documentar [...] ese mundo"[17]. Lo mágico apenas se eleva por sobre las apetencias individuales inmediatas, tanto en la vida de los Cué como en las manifestaciones degradadas que asume el sincretismo religioso, particularmente en los ritos ñáñigos, en un ámbito política y socialmente corrompido:

2º UNA SITUACIÓN INSINUADA EN *¡ÉCUE-YAMBA-Ó!* ADQUIERE SENTIDO PLENO EN *VIAJE A LA SEMILLA*

En Carpentier, como en muchos otros escritores, no es extraño sorprender momentos que se reiteran. En este caso, sin embargo, el acercamiento de dos instantes similares confirma la continuidad de preocupaciones temáticas y expresivas muy centrales en su obra[18]. La reflexión del narrador aparece penetrada de la conciencia de la temporalidad, tan eminente en *Viaje a la semilla*: la mirada primigenia del niño logra aprehender aspectos insólitos de la realidad ya desgastada para el adulto; de ahí que la significación se potencie de manera tan singular en ese último contexto:

En el capítulo 4 de *¡Écue-Yamba-Ó!* —"Iniciación (a)"— dice el narrador:

En sus primeros años de vida, Menegildo aprendería, como todos los niños, que las bellezas de una vivienda se ocultan en la parte inferior de los muebles. Las

---

[17]Ariel Dorfman. "El sentido de la historia en la obra de Alejo Carpentier". En *Imaginación y violencia en América*. Santiago de Chile, Editorial Universitaria, S.A., 1970. (Colección *Letras de América*, 26), págs. 97-98.

[18]Más allá de la relación, no del todo intrascendente, entre frases del tenor siguiente: "La pobre ciencia de Salomé desaparecía ante el saber profundísimo del viejo Beruá..." (*¡Écue-Yamba-Ó!*, pág. 60), y "Ti-Noel había sido instruido en esas verdades por el profundo saber de Mackandal" (*El reino de este mundo*, pág. 23).

superficies visibles, patinadas por el hábito y el vapor de las sopas, han perdido todo poder de atracción. Las que se ocultan, en cambio, se muestran llenas de pequeños prodigios. Pero las rodillas adultas no tienen ojos. Cuando una mesa se hace techo, ese techo está constelado de nervaduras, de vetas, que participan del mármol y de la ola. La tabla más tosca sabe ser mar tormentoso, con un *maelstrom* en cada nudo. [...]. Durante el día, una paz de santuario reina debajo de las camas... Pero el gran misterio se ha refugiado a pie de los armarios. El polvo transforma estas regiones en cuevas antiquísimas, con estalactitas de hilo animal que oscilan como péndulos blandos. Los insectos han trazado senderos, fuera de cuyos itinerarios se inicia el terror de las tierras sombrías... (págs. 23-24).

En *Viaje a la semilla:*

Desde ese día, Marcial conservó el hábito de sentarse en el enlosado. Cuando percibió las ventajas de esa costumbre, se sorprendió por no haberlo pensado antes. Afectas al terciopelo de los cojines, las personas mayores sudan demasiado. [...]. Sólo desde el suelo pueden abarcarse totalmente los ángulos y perspectivas de una habitación. Hay bellezas de la madera, misteriosos caminos de insectos, rincones de sombra, que se ignoran a altura de hombre (pág. 97).

Cuando los muebles crecieron un poco más y Marcial supo como nadie lo que había debajo de las camas, armarios y vargueños, ocultó a todos un gran secreto: la vida no tenía sentido fuera de la presencia del calesero Melchor (pág. 100).

3° SIMILITUDES CON LAS OBRAS POSTERIORES EN LA DISPOSICIÓN DE LA ESTRUCTURA. LA SITUACIÓN CON QUE FINALIZA LA NOVELA, AL VINCULARSE CON LAS ESCENAS QUE LA INICIAN, APARECE COMO LA NUEVA VUELTA DE UNA ESPIRAL

Para la mejor intelección de este aspecto, es necesario insistir en algunas particularidades de *¡Écue-Yamba-Ó!* Desde luego, debe considerarse que se trata de una novela de espacio[19] que intenta documentar las condiciones de vida del negro antillano a través de un proceso de agregación de áreas ambientales, observadas por el autor de acuerdo con ciertos principios del método naturalista. Este es el nexo que la vincula con la norma vigente en los años de su

---

[19]Cf. Wolfgang Kayser. *Interpretación y análisis de la obra literaria.* Segunda edición. Madrid, Gredos, 1958, págs. 581 y ss.

publicación; pero desde otro punto de vista hay que reconocer que en ella se insinúa también la apertura hacia la nueva norma, antirrealista, y que esa insinuación es decisiva. Por una parte, la fidelidad al naturalismo lleva a Carpentier a la extrema deformación fonética en el habla de los personajes (y en esto se aleja notoriamente del planteo de F. Contreras sobre la lengua); pero, por otra, aparece ya esbozado el gesto de rechazo al diálogo convencional en un detalle casi imperceptible: la reducción, probablemente deliberada, en el empleo de las fórmulas verbales introductorias. De ahí al cuestionamiento de su validez no podía haber demasiada distancia[20].

Otro rasgo confirma el carácter transicional de la obra: frente a la actitud generalizada de los escritores naturalistas, a Carpentier no le preocupa deslindar las fronteras de lo real y de lo irreal[21], lo que se manifiesta en la parquedad del narrador para comentar y racionalizar —desde una postura ajena a ellos— la fe de los personajes en los poderes que invocan y en los que creen ciegamente.

La disposición estructural sugiere la ambigüedad característica de la primera generación superrealista, a la que pertenece el autor[22], y esto ha sido señalado muchas veces con respecto a sus obras posteriores; sin embargo *¡Écue-Yamba-Ó!* procura ya un ejemplo relevante en la misma dirección —el retorno al punto de partida—, que no he visto analizado en todas sus implicaciones: La situación final de la novela apunta casi *ad litteram* al reinicio de la vida en otra vuelta de la espiral, en el regreso de Longina al batey de los Cué después de la muerte de Menegildo y en el nacimiento de un hijo que llevará ese mismo nombre.

El capítulo 3, "Natividad", narra el nacimiento de Menegildo, y el 4, "Iniciación (a)", sus primeros años. Las relaciones con el último capítulo, 43, titulado "Menegildo", son notables.

---

[20]Véase Alejo Carpentier. "Una conversación con Jean-Paul Sartre". En *Revista de la Universidad de México*, México, Vol. xv, N° 6, febrero de 1961, págs. 11-12. Al discutir la necesidad de nuevos planteamientos formales en la novela, dice Carpentier: "—¿No cree usted que donde es más urgente hallar nuevos mecanismos es en el diálogo? Me parece que el diálogo novelesco, tal como se viene escribiendo corrientemente en nuestra época, es tan falso como el del teatro de Victoriano Sardou, pongamos por caso", pág. 11.

[21]En su trabajo "Un tema y tres cuentos de Horacio Quiroga". Jaime Alazraki muestra las dos normas aplicadas a una situación similar —la resistencia a la muerte— en Borges: *La espera*, y Quiroga: *El hijo*. En *Cuadernos Americanos*, México, 6, noviembre-diciembre 1970, págs. 194-205. *Vid.* pág. 196.

[22]Cf. Octavio Paz. Prólogo a *Poesía en movimiento. México, 1915-1966*. Selección y notas de Octavio Paz, Alí Chumacero, José Emilio Pacheco y Homero Aridjis. México, D.F., Siglo Veintiuno Editores, S.A., 1966. *Vid.* págs. 11-13.

Recién nacido Menegildo, dice Salomé a la mujer que viene a acompañarla: "—Comadre… Y póngame a sancochal las viandas. ¡Que orita vienen Usebio y Luí!".

En el capítulo siguiente se observa que "aquella noche, para preservar al rorro de nuevos peligros, la madre encendió una velita de Santa Teresa ante la imagen de San Lázaro que presidía el altar" (págs. 21 y 25).

Al final de la obra se fusionan las dos escenas anteriores; pero Salomé se dirige ahora a Longina, poco antes de nacer el hijo de ésta y de Menegildo: "—Oye, ¡Y pon a sancochal las viandas pal almuerzo! ¡Orita vienen Usebio y Luí…!".

El último párrafo remite casi textualmente a la práctica religiosa que pone al niño bajo la protección de las poderosas sombras tutelares, que convocan "las miradas complacidas de Salomé, Longina y el sabio Beruá.

Para preservarlo de daños, una velita de Santa Teresa ardía en su honor ante la cristianísima imagen de San Lázaro-Babayú-Aye" (pág. 225).

La novela concluye con una nota que destaca la presencia del sincretismo religioso del Caribe, cuya fuerte atracción ha reconocido Carpentier: "Existe todo un lúcido panteón que se oculta tras de las imágenes cristianas. Se trata de una mitología que es tan concreta y rica en peripecias como cualquiera de las antiguas y grandes mitologías mediterráneas"[23].

Por eso, la sutil variación de la última frase me parece plena de sentido: la sugerencia de una apertura posible para la historia del nuevo Menegildo, cuya vida tal vez volverá a asumir la misma tensión anterior de esos espacios y tiempos opuestos, pero desde otra altitud de la experiencia.

[23]Emmanuel Carballo, "Carpentier" [Entrevista], *México en la Cultura*. Suplemento de *Novedades*. México, D.F., Nº 622, 13 de febrero de 1961, pág. 4.

7. La tragedia como fundamento estructural de *La hojarasca*

E<small>N UN AGUDO</small> examen de *La vorágine* como un viaje al país de los muertos, Leonidas Morales se refirió a las posibilidades que podría tener entre nosotros un nuevo tipo de investigación, fundado en el análisis de ciertos tópicos y motivos —en parte, incluso, al margen de la tradición europea—, que en algunas importantes narraciones hispanoamericanas funcionan como correlatos de comprensión que permiten integrar y hacer inteligible el sentido último de esas creaciones[1]. A las obras citadas por Leonidas Morales, además de *La vorágine* (*Los pasos perdidos*, de Alejo Carpentier y *El Señor Presidente*, de Miguel Ángel Asturias), habría que agregar *La hojarasca*, primera novela del escritor colombiano Gabriel García Márquez (n. 1928), publicada en 1955[2].

No conocemos ningún trabajo crítico dedicado a *La hojarasca* que atienda al sentido esclarecedor del epígrafe que Gabriel García Márquez pone al comienzo de su novela. Se trata de una cita de *Antígona*, de Sófocles, que corresponde al momento en que Antígona comunica a Ismena la determinación de Creonte acerca de los funerales de Eteocles y de Polinices:

> Y respecto del cadáver de Polinices, que miserablemente ha muerto, dicen que ha publicado un bando para que ningún ciudadano lo entierre ni lo llore, sino que insepulto y sin los honores del llanto, lo dejen para sabrosa presa de las aves que se abalancen a devorarlo. Ese bando dicen que el bueno de Creonte ha hecho pregonar por ti y por mí, quiere decir que por mí; y que vendrá aquí para anunciar esa orden a los que no la conocen; y que la cosa se ha de tomar no de cualquier manera, porque quien se atreva a hacer algo de lo que prohibe será lapidado por el pueblo[3].

[1] Leonidas Morales. *"La vorágine*: un viaje al país de los muertos". En *Anales de la Universidad de Chile*. Año CXXIII, N° 134, abril-junio de 1965, pp. 148-170. Cf. pp. 158-159 y, particularmente, pp. 169-170.

[2] *La hojarasca*. (Novela). Bogotá-Colombia, Ediciones S.L.B., 1955, 137 p.

[3] Hemos consultado varias ediciones de las *Tragedias* de Sófocles. Para las citas que siguen, nos atenemos a la traducción de J. Alemany Bolufer (Sófocles. *Tragedias*. Prólogo de Félix F. Corso. Madrid-Buenos Aires, Librería Perlado Editores, 1944), cuya lectura corresponde, casi cabalmente, al texto del epígrafe elegido por García Márquez. Las demás traducciones difieren, en mayor o menor grado, en matices de interpretación del original griego.

El único crítico que se detiene brevemente a considerar el epígrafe es Luis Harss, pero ve en él un simple comentario irónico de la situación: "Y así, como Polinices, perecerá el doctor, pero no su recuerdo, ni todas las pasiones que dejó atrás, que seguirán rondando como un castigo por el pueblo"[4].

Para nosotros, en cambio, esa cita de *Antígona* es reveladora, en la medida en que el paralelismo de las situaciones planteadas en la tragedia de Sófocles y en la novela de García Márquez permite ver esta última como un intento de desarrollo, sutilmente elaborado, de la *visión trágica* de un presente social concreto, que llena de patetismo —al hacerla comprensiva— una expresión literaria que se proyecta en el hecho histórico que conocemos hoy bajo la denominación sociológica de la "violencia colombiana"[5]. Aunque el acontecimiento central de la novela ocurre en 1928, es evidente que la "violencia" constituye la base de contenidos objetivos inmediatos que el autor aprehende aquí en su dimensión trágica.

Desplegar esa dimensión de lo trágico en *La hojarasca* supone, necesariamente, una inteligencia clara del fundamento proporcionado por la tradición literaria, que aquí ha sido actualizado y, en más de un momento, alterado o fundido, de acuerdo con las exigencias de una estructura particular —la de la novela que examinamos—, a través de la cual el novelista quiso expresar su percepción de la realidad.

Desde luego, debemos señalar que *La hojarasca* no nos parece una obra absolutamente lograda, a pesar de la eficacia con que García Márquez utiliza el esquema de la tragedia y del rigor y la belleza de su lenguaje. Lo que atenta contra su perfección es la prisa con que el escritor se enfrentó a ciertos problemas formales: el punto de vista triple a que recurre, por ejemplo, requería una diferenciación convincente de cada personaje. El viejo coronel, la mujer y el niño que asisten como testigos y realizadores del acto de sepultación del cadáver del médico suicida, condenado por el pueblo a pudrirse detrás de las paredes de su casa, y cuya historia es la que se reconstruye a través de los monólogos, hablan con una voz indistinta. "Como no hay intimidad en los monólogos —apunta Harss—, el resultado no es la densidad sino la monotonía" (*Los nuestros*, p. 397).

Otros desniveles de la obra, observados en más de una nota crítica, son imputables a la impericia juvenil, a la adhesión, tal vez excesiva, al sistema

---

[4]Luis Harss. "Gabriel García Márquez, o la cuerda floja". En *Los nuestros*. Buenos Aires, Editorial Sudamericana, 1966. *Vid.* p. 396.

[5]Sobre este tema, véase la impresionante investigación realizada por Mons. Germán Guzmán Campos, Orlando Fals Borda y Eduardo Umaña Luna: *La violencia en Colombia*. Estudio de un Proceso Social. Bogotá, Colombia, Ediciones Tercer Mundo. Tomo I. Segunda edición, 1962, 430 p.; Tomo II, 1964, 460 p.

narrativo faulkneriano, etc. Pero nuestra tentativa, por ahora, se limita a proponer un análisis que revele en *La hojarasca* la visión de la realidad histórico-social colombiana de este siglo percibida como trágica y configurada en un contexto en el que han sido asumidos elementos y motivos de la más antigua y prestigiosa tradición literaria[6].

CORRESPONDENCIAS ENTRE LOS MOTIVOS FUNDAMENTALES DE "LA HOJARASCA" Y LAS TRAGEDIAS DE SÓFOCLES

1. Formulación de una promesa, cuyo cumplimiento tendrá consecuencias dramáticas o fatales

Hacia el final de *Edipo en Colono*, Polinices obtiene la promesa de Antígona de que le tributará honras fúnebres a su muerte. Polinices, herido por la impreca-ción paterna, dice a Antígona y a Ismena:

¡Oh, niñas, hermanas mías! A vosotras pues, ya que habéis oído la crueldad del

---

[6]Gilbert Highet ha estudiado detalladamente la influencia clásica en las literaturas de la Europa occidental y de los Estados Unidos, en su memorable investigación titulada *La tradición clásica* (1949). Traducción española de Antonio Alatorre. México-Buenos Aires, Fondo de Cultura Económica, 1954. (*Lengua y Estudios Literarios*). 2 vols. Los capítulos xxii y xxiii de esta obra —"Los poetas simbolistas y James Joyce" y "La reinterpretación de los mitos"— son particularmente iluminadores de la prevalencia de diversos elementos de la tradición clásica en la literatura contemporánea, en el caso de autores "que cuentan y reinterpretan los mitos griegos en forma de dramas o relatos, dándoles a veces un ambiente moderno, pero casi siempre conservando el antiguo escenario y los antiguos personajes" (t. ii, p. 338). En este punto, la investigación de Highet parte de la considera-ción de situaciones reconocibles en las obras como elaboraciones de esos mitos. Nos parece ver una dirección distinta del problema en la posición adoptada por T.S. Eliot al concebir *Cocktail Party*. Convencido de que uno de los defectos mayores de *Reunión de familia* era "la falta de concierto entre la historia griega y la situación moderna", e inclinado todavía —al escribir *Cocktail Party*— a buscar su tema en un dramaturgo griego, señala que decidió "tomarlo simplemente como punto de partida" y disimular sus orígenes de tal manera que nadie pudiera identificarlos mientras no los descubriese él mismo: "En esto, al menos, he tenido éxito. Pues nadie, que yo sepa —y ningún crítico teatral— reconoció las fuentes de mi historia en el *Alcestes*, de Eurípides. Tuve, en efecto, que entrar en detalladas explicaciones para convencer a quienes estaban familiarizados con la trama de esta obra de la autenticidad de su inspiración. Y aquellos que en un comienzo se sintieron confundidos ante la excéntrica conducta de mi huésped desconocido, ante su aparente intemperan-cia y su tendencia a prorrumpir en cantos, hallaron algún consuelo después que hube llamado su atención hacia el comportamiento de Heracles en la obra de Eurípides" (*Poesía y drama*. Traducción de Jorge Zalamea. Buenos Aires, Emecé Editores, S.A., 1952, pp. 46 y 48). En el prefacio a su traducción de *Cocktail Party*, Miguel Alfredo Olivera puntualiza la relación entre la obra griega y la de Eliot. Cf. *Cocktail Party*. Buenos Aires, Emecé Editores, S.A., 1950, p. 11.

En un plano semejante al indicado por Eliot se nos aparece el propósito narrativo de Gabriel García Márquez en *La hojarasca*.

padre que así me maldice, os ruego por los dioses que si las maldiciones del padre se cumplen y vosotras volvéis de algún modo a la patria no me menospreciéis, sino sepultadme y celebrad mis funerales; que vuestra gloria de ahora, la que tenéis por las penas que pasáis por este hombre, se acrecentará con otra no menor por la asistencia que me prestéis[7].

La correspondencia de esta situación en *La hojarasca* se da en el compromiso que contrae el coronel con el médico, cuando éste, tres años antes de su suicidio, le salva la vida. Monologa el coronel:

Yo había de preguntarle dos días después cuál era mi deuda, y él había de responder: "Usted no me debe nada, coronel. Pero si quiere hacerme un favor, écheme encima un poco de tierra cuando amanezca tieso. Es lo único que necesito para que no me coman los gallinazos".

En el mismo compromiso que me hacía contraer, en la manera de proponerlo, en el ritmo de sus pisadas sobre las baldosas del cuarto, se advertía que este hombre había empezado a morir desde mucho tiempo atrás, aunque habían de transcurrir aún tres años antes de que esa muerte aplazada y defectuosa se realizara por completo. Ese día ha sido el de hoy. Y hasta creo que no habría tenido necesidad de la soga. Un ligero soplo habría bastado para extinguir el último rescoldo de vida que quedaba en sus duros ojos amarillos. Yo había presentido todo eso desde la noche en que hablé con él en el cuartito, antes de que se viniera a vivir con Meme. Así que cuando me hizo contraer el compromiso que ahora voy a cumplir, no me sentí desconcertado. Sencillamente le dije:

—Es una petición innecesaria, doctor. Usted me conoce y debía saber que yo lo habría enterrado por encima de la cabeza de todo el mundo, aunque no le debiera la vida.

Y él, sonriente, por primera vez apaciguados sus duros ojos amarillos:

—Todo eso es cierto, coronel. Pero no olvide que un muerto no habría podido enterrarme[8].

[7]Sófocles. *Edipo en Colono*. Ed. cit., pp. 165-166.

[8]*La Hojarasca*. Ed. cit., p. 131. En *Mientras agonizo*, de William Faulkner, el cumplimiento de una promesa constituye también el núcleo de la situación desencadenante. Las peripecias del fúnebre viaje hacia Jefferson tienen su origen en la decisión de Anse de cumplir la promesa hecha a su esposa: "Estaría impaciente por llegar al cementerio ese de los suyos, el de Jefferson, donde tantos de su misma sangre la esperan. Le prometí que yo y los chicos la llevaríamos allá todo lo aprisa que las mulas caminen, de forma y manera que pueda descansar tranquila" (*Mientras agonizo*. Madrid, Aguilar, 1957. p. 36). Aunque la situación que se desarrolla en la novela de Faulkner es desolada y dramática, no tiene la terribilidad de la tragedia, en la que Antígona es lapidada por cumplir el compromiso contraído con Polinices; en *La hojarasca*, la actitud del coronel tendrá consecuencias imprevisibles. Recuérdese que la novela concluye en el momento en que el cadáver del médico va a ser conducido al cementerio por aquél, desafiando la voluntad del pueblo. Se trata, por lo tanto, de un final abierto, que apunta a la violencia de una reacción más que probable de los habitantes contra

2. La condenación

La condenación de Polinices se decreta a su muerte, cuando éste cae luchando contra su hermano Eteocles, defensor de Tebas, a la que ataca el ejército argivo comandado por aquél. Creonte, promovido al reinado de Tebas, determina que Eteocles, héroe de la ciudad, sea inhumado gloriosamente. Polinices, que ha invadido la tierra natal, no tendrá sepultura en ella. Su cuerpo, arrojado fuera de las murallas, servirá de alimento a perros y aves de rapiña. Dice Antígona a Ismena:

> ¿Pues no ha dispuesto Creonte que, de nuestros dos hermanos, se le hagan a uno las honras fúnebres y se deje al otro insepulto? A Eteocles, según dicen, en cumplimiento de la ley divina y humana, sepultó en tierra para que obtenga todos los honores, allá bajo, entre los muertos. Y respecto del cadáver de Polinices, que miserablemente ha muerto, etc. (Cf. *Supra*, la cita recogida como epígrafe en *La hojarasca*).

Y Antígona continúa:

> Ya sabes lo que hay, y pronto podrás demostrar si eres de sangre noble o una cobarde que desdice de la nobleza de sus padres.
> *Ismena.* ¿Y qué? ¡Oh desdichada!, si las cosas están así, ¿podré remediar yo, tanto si desobedezco como si acato a esas órdenes?
> *Antígona.* Si me acompañarás y me ayudarás, es lo que has de pensar.
> *Ismena.* ¿En qué empresa? ¿Qué es lo que piensas?
> *Antígona.* Si vendrás conmigo a levantar el cadáver.
> *Ismena.* ¿Piensas sepultarlo, a pesar de haberlo prohibido a toda la ciudad?
> *Antígona.* A mi hermano, y no al tuyo, si tú no quieres; pues nunca dirán de mí que lo he abandonado.
> *Ismena.* ¡Oh desdichada! ¿Habiéndolo prohibido Creonte?
> *Antígona.* Ningún derecho tiene a privarme de los míos[9].

"A fin de comprender la abnegación de Antígona —dice Paul de Saint-Victor—, conviene tener en cuenta las ideas que se abrigaban en la antigüedad respecto a la sepultura. Ésta era, entonces, el verdadero fin del hombre, el fondo estrecho e inmutable de su porvenir. La salvación, en el sentido religioso de la

---

el coronel y sus escasos acompañantes. No es la única vez que este procedimiento aparece en la obra de García Márquez. Luis Harss lo destaca al estudiar el cuento *La siesta del martes*, cuando anota que el relato vive en la sugerencia de una imagen de algo que no ha sucedido todavía: "... de algún modo lo que fue omitido está implícito" (*Los nuestros*, p. 404).

[9] Sófocles. *Antígona*. Ed. cit., pp. 177-178.

palabra, dependía de la observancia de sus ritos. Ser enterrado o no serlo era el problema de la vida futura"[10]. La privación de la sepultura equivalía, pues, a una condenación, y no se imponía sino a los criminales más odiosos, a los traidores a la patria y a los asesinos. Era sacrilegio execrable dejar sin sepultura el cadáver de un ciudadano.

Aunque la concepción cristiana —específicamente la católica— excluye de honras fúnebres a los suicidas, en *La hojarasca* el alcance de la condenación adquiere otra dimensión de terribilidad, de signo eminentemente trágico. El pueblo de Macondo espera que el médico se pudra dentro de su casa, sin que nadie se preste siquiera para sepultarlo.

La sentencia condenatoria del pueblo contra el médico ha sido dictada hace diez años. Recuerda el coronel:

> Porque la noche en que pusieron las cuatro damajuanas de aguardiente en la plaza, y Macondo fue un pueblo atropellado por un grupo de bárbaros armados; un pueblo empavorecido que enterraba sus muertos en la fosa común, alguien debió de recordar que en esta esquina había un médico. Entonces fue cuando pusieron las parihuelas contra la puerta, y le gritaron (porque no abrió; habló desde adentro); le gritaron: "Doctor, atienda a estos heridos que ya los otros médicos no dan abasto", y él respondió: "Llévenlos a otra parte, yo no sé nada de esto"; y le dijeron: "Usted es el único médico que nos queda. Tiene que hacer una obra de caridad"; y él respondió (y tampoco abrió la puerta), imaginado por la turbamulta en la mitad de la sala, la lámpara en alto, iluminados los duros ojos amarillos: "Se me olvidó todo lo que sabía de eso. Llévenlos a otra parte" y siguió (porque la puerta no se abrió jamás) con la puerta cerrada, mientras hombres y mujeres de Macondo agonizaban frente a ella. La multitud habría sido capaz de todo esa noche. Se disponían a incendiar la casa y reducir a cenizas a su único habitante. Pero en esas apareció *El Cachorro*. Dicen que fue como si hubiera estado aquí invisible, montando guardia para evitar la destrucción de la casa y el hombre. "Nadie tocará esta puerta", dicen que dijo *El Cachorro*. Y dicen que fue eso todo lo que dijo, abierto en cruz, iluminado por el resplandor de la furia rural su inexpresivo y frío rostro de calavera de vaca. Y entonces el impulso se refrenó, cambió de curso, pero tuvo aún la fuerza suficiente para que gritaran esa sentencia que aseguraría, para todos los siglos, el advenimiento de este miércoles[11].

Con anterioridad, el coronel ha rememorado la misma situación:

> ... mientras el rencor crecía, se ramificaba, se convertía en una virulencia colectiva, que no daría tregua a Macondo en el resto de su vida para que en cada oído

[10]Paul de Saint-Victor. *Las dos carátulas*. Historia del teatro griego y de las grandes épocas del arte teatral. Buenos Aires, Editorial "El Ateneo", 1952. 2 vols. *Vid*. Tomo i, p. 466.

[11]*La Hojarasca*. Ed. cit., pp. 129-130.

siguiera retumbando la sentencia —gritada esa noche— que condenó al doctor a pudrirse detrás de estas paredes[12].

La condenación del médico que ha defraudado la invocación del pueblo, traicionando un principio de solidaridad, por lo que se ha hecho acreedor al odio colectivo, repite en más de un sentido la condenación de Polinices por su acto de rebelión contra la Ciudad.

Estos son los motivos que estimamos como principales en *La hojarasca*, y cuyo correlato es el de las dos citadas tragedias de Sófocles, especialmente *Antígona*. Pero aún es posible establecer otras relaciones muy claras.

ACTITUD DE LOS PERSONAJES

1. El carácter de Antígona es inflexible. "Este corazón todo ternura —señala Saint-Victor— se envuelve en el deber como en una triple coraza de bronce. Inaccesible al miedo, no admite que lo sientan los demás; su energía no concibe disculpas para la flaqueza. En este aspecto, una línea de rigidez la dibuja, parecida al trazo duro y puro que describe en silueta a las figuras trágicas representadas en los vasos griegos"[13]. De ahí sus reproches a Ismena, que se siente incapaz de obrar contra la voluntad de los ciudadanos —representados por el Coro—, cuya voz mayor es la de Creonte. Nada la detendrá en su decisión de arrostrar la muerte por cumplir la promesa formulada a Polinices.

El coronel actúa con la misma entereza; como Antígona, podría decir: "No he nacido para compartir odio, sino amor":

Vine. Llamé a los cuatro guajiros que se han criado en mi casa. Obligué a mi hija Isabel a que me acompañara. Así el acto se convierte en algo más familiar, más humano, menos personalista y desafiante que si yo mismo hubiera arrastrado el cadáver por las calles del pueblo hasta el cementerio. Creo a Macondo capaz de todo después de lo que he visto en lo que va corrido de este siglo. Pero si no han de respetarme a mí, ni siquiera por ser viejo, coronel de la república, y para remate cojo del cuerpo y entero de la conciencia, espero que al menos respeten a mi hija por ser mujer. No lo hago por mí. Tal vez no sea tampoco por la tranquilidad del muerto. Apenas para cumplir con un compromiso sagrado. Si he traído a Isabel no ha sido por cobardía, sino por una simple medida de caridad. Ella ha traído el niño (y entiendo que lo ha hecho por eso mismo) y ahora estamos aquí, los tres, soportando el peso de esta dura emergencia[14].

[12]*Ibídem*, p. 26.
[13]Paul de Saint-Victor. Ob. cit. Tomo I, p. 474.
[14]*La hojarasca*. Ed. cit., pp. 27-28.

En uno de sus monólogos, Isabel se ha referido también a la actitud de soberbia desafiante que su padre adoptaba cada vez que hacía algo con lo cual no estarían de acuerdo los demás[15].

2. Otro paralelismo evidente es el que corresponde a la situación de los personajes trágicos Polinices y Eteocles frente a la del médico y el sacerdote conocido en Macondo como *El Cachorro*. Estos últimos han llegado al pueblo el mismo día, hace veinticinco años. Lejos de ver aquí una coincidencia gratuita, nos parece que el novelista quiso alegorizar en este hecho la relación de los hermanos en la tragedia. La llegada al pueblo viene a ser, por lo tanto, una forma de nacimiento común. Por otra parte, debe tenerse en cuenta que la impresión de un notable parecido físico entre el médico y *El Cachorro* se explicita claramente en la novela en más de una ocasión; de manera muy precisa, en dos momentos de los recuerdos del coronel:

—¿Usted ha oído hablar de *El Cachorro*? —Le pregunté.

Respondió que no. Yo dije: "*El Cachorro* es el párroco, pero más que eso es un amigo de todo el mundo. Usted debe conocerlo".

—Ah, sí, sí —dijo él—. Él *también* tiene hijos, ¿no?

—No es eso lo que me interesa ahora, dije yo. La gente inventa chismes a *El Cachorro* porque lo quieren mucho y hace lo posible por demostrar lo contrario. Pero allí tiene usted un caso, doctor. *El Cachorro* está muy lejos de ser un rezandero, un santurrón como decimos. Es un hombre completo que cumple con sus deberes como un hombre.

. . . .

—Creo que *El Cachorro* va a ser santo —dije yo. Y en eso también era sincero. "Nunca habíamos visto en Macondo nada igual. Al principio se le tuvo desconfianza porque es de aquí, porque los viejos lo recuerdan cuando salía a coger pájaros como todos los muchachos. Peleó en la guerra, fue coronel y eso era una dificultad. Usted sabe que la gente no respeta a los veteranos por lo mismo que respeta a los sacerdotes. Además, no estábamos acostumbrados a que se nos leyera el almanaque Bristol en vez de los Evangelios".

. . . .

Ahora estaba sonriente y escuchaba con una atención dinámica y complacida. Yo también me sentía entusiasmado. Dije: "Todavía hay algo que a usted le interesa, doctor. ¿Sabe desde cuándo está *El Cachorro* en Macondo?

Él dijo que no.

—Llegó por casualidad el mismo día que usted —dije yo—. Y todavía algo más curioso: Si usted tuviera un hermano mayor, estoy seguro de que sería igual a *El Cachorro*. Físicamente, claro[16].

---

[15]Cf. *Ibídem*, p. 33.
[16]*La hojarasca*, Ed. cit., pp. 101-102.

94

El segundo momento clave alude a la única vez en que se encuentran *El Cachorro* y el médico:

> *El Cachorro* habló muy poco en esa visita. Desde su entrada a la habitación parecía impresionado por la visión del único hombre que no conoció en quince años de estar en Macondo. Esa vez me di cuenta (y mejor que nunca, acaso porque el doctor se había cortado el bigote) del extraordinario parecido de esos dos hombres. No eran exactos, pero parecían hermanos. El uno era varios años mayor, más delgado y escuálido. Pero había entre ellos la comunidad de rasgos que existe entre dos hermanos, aunque el uno se parezca al padre y el otro a la madre. Entonces me acordé de la última noche en el corredor. Dije:
> Éste es *El Cachorro*, doctor. Alguna vez usted me prometió visitarlo[17].

Mientras *El Cachorro* se integra y domina la vida del pueblo, el médico concita en torno suyo, cada vez más, esa sorda odiosidad que culmina en el repudio final y en la condenación. A la muerte de *El Cachorro*, ocurrida hace cuatro años, Macondo le rinde —como Tebas a Eteocles— los más conmovedores homenajes fúnebres. Monologa el coronel:

> *El Cachorro* los tenía sometidos a una disciplina férrea. Incluso después de que murió el sacerdote, hace cuatro años —uno antes de mi enfermedad— se manifestó esa disciplina en la manera apasionada como todo el mundo arrancó las flores y los arbustos de su huerto y los llevó a la tumba, a rendirle a *El Cachorro* su tributo final[18].

Sabemos ya cuál es la actitud de Macondo ante el médico. La relación entre el destino de éste y el de Polinices nos parece indudable.

3. Situación de Ismena. Repuesta de su temor inicial, Ismena intenta reivindicar su parte en la acción de Antígona y afrontar también el castigo. Sin forzar demasiado el paralelismo, creemos que la primera actitud negativa de Ismena está representada en *La hojarsca* por el terminante rechazo de la mujer del coronel, Adelaida, a acompañarlo[19]. El segundo momento, reivindicatorio, corresponde a la posición de Isabel, a pesar de que la adhesión de ésta hacia su padre aparece disminuida por la reserva y el miedo.

4. Otras relaciones. Hay en *La hojarasca* algunos aspectos que contribuyen a fijar aún más la determinación del correlato que hemos propuesto.

La antigüedad remota no concebía la separación del alma y la del cuerpo. El

---

[17]*La hojarasca*, Ed. cit., p. 118.
[18]*Ibídem*, pp. 128-129.
[19]Cf. *Ibídem*, pp. 124-125.

sepulcro era la casa de una nueva existencia. Se colocaban, pues, al lado del difunto sus vasos y sus armas; "a veces —dice Saint-Victor— se llegaba hasta a degollar sus caballos y sus esclavos para que el espectro del dueño estuviese rodeado de una servidumbre de fantasmas"[20]. En *La hojarasca*, un acto y una reflexión del coronel establecen una suerte de correspondencia con esta costumbre:

> Busco en la oscuridad de aquel baúl sin fondo sus baratijas dispersas. Está sin llave, en el otro rincón, con las mismas cosas que trajo hace veinticinco años. Yo recuerdo: *Tenía dos camisas ordinarias, una caja de dientes, un retrato y ese viejo formulario empastado.* Y voy recogiendo estas cosas antes de que cierren el ataúd y las echo dentro de él. El retrato está todavía en el fondo del baúl, casi en el mismo sitio en que estuvo aquella vez. Es el daguerrotipo de un militar condecorado. Echo el retrato en la caja. Echo la dentadura postiza y finalmente el formulario. Cuando he concluido hago una señal a los hombres para que cierren el ataúd. Pienso: *Ahora está de viaje otra vez. Lo más natural es que en el último se lleve las cosas que le acompañaron en el penúltimo. Por lo menos, eso es lo más natural.* Y entonces me parece verlo, por primera vez, cómodamente muerto.
>
> Examino la habitación y veo que se ha olvidado un zapato en la cama. Hago una nueva señal a mis hombres, con el zapato en la mano, y ellos vuelven a levantar la tapa en el preciso instante en que pita el tren, perdiéndose en la última vuelta del pueblo[21].

Nos parece también altamente significativa la manera cómo el médico decide suicidarse. En el ámbito de la tradición —y desde los tiempos homéricos— la muerte por ahorcamiento era considerada infamante o propia de los impuros. Es por eso que se ha ahorcado Yocasta. En *Edipo rey*, éste expresa que sus crímenes "son mayores que los que se expían con la estrangulación"[22]. Ismena, al recordarle a Antígona la suma de las desgracias familiares, alude igualmente a este hecho:

> ¡Ay de mí! Reflexiona, hermana, que nuestro padre murió aborrecido e infamado, después que, por los pecados que en sí mismo había descubierto, se arrancó los ojos él con su propia mano. También su madre y mujer —nombres que se contradicen— con un lazo de trenzas se quitó la vida. Y como tercera desgracia, nuestros dos hermanos en un mismo día se degüellan los desdichados dándose muerte uno a otro con sus propias manos. Y ahora que solas quedamos nosotras

[20]Paul de Saint-Victor. Ob. cit. Tomo I, p. 466.

[21]*La hojarasca*. Ed. cit., p. 29.

[22]Sófocles. *Edipo rey*. Ed. cit., p. 120.

dos, considera de qué manera más infame moriremos si con desprecio de la ley desobedecemos la orden y autoridad del tirano[23].

La presencia de la fatalidad en *La hojarasca* y el sentimiento de expiación de oscuras culpas reconocidas por el coronel, remiten también al sustrato trágico que da sentido a la novela. Recuérdese el final de *Antígona*:

> *Coro.* Pues no pidas nada; que de la suerte, que el destino tenga asignada a los mortales, no hay quién pueda evadirse.
> *Creonte.* Echad de aquí a un hombre inútil, que ¡ay, hijo! te maté sin querer; y a ésta también. ¡Pobre de mí! No sé hacia qué lado deba inclinarme, porque todo lo que tocan mis manos se vuelve contra mí; sobre mi cabeza descargó intolerable fatalidad[24].

En algunas meditaciones del coronel, se siente como una resonancia de ese desolado final de la tragedia:

> ... lo que venía después estaba más allá de nuestras fuerzas, era como los fenómenos atmosféricos anunciados en el almanaque, que han de cumplirse fatalmente.
> ....
> ... algo me indicaba que era impotente ante el curso que iban tomando los acontecimientos. No era yo quien disponía las cosas en mi hogar, sino otra fuerza misteriosa, que ordenaba el curso de nuestra existencia y de la cual no éramos otra cosa que un dócil e insignificante instrumento. Todo parecía obedecer entonces al natural y eslabonado cumplimiento de una profecía.
> ....
> ... otro capítulo de la fatalidad había empezado a cumplirse desde hacía tres meses[25].

La hojarasca es para nosotros, desde su título, una requisitoria social y moral. La palabra apunta al residuo del odio, la incomunicación y el resentimiento que ha dejado en el mítico pueblo de Macondo el paso de la compañía bananera establecida allí por muchos años, y que ahora lo ha abandonado. Para iluminar esa realidad caótica —acaso para exorcizarla—, Gabriel García Márquez recurrió a las viejas fuentes literarias y, como es necesario hacerlo, las asumió en plenitud. La lección mejor del pasado sustenta, de este modo, la visión de su mundo concreto y actual.

[23]Sófocles. *Antígona*. Ed. cit., p. 178.
[24]Id., *Ibídem*, p. 212.
[25]*La hojarasca*. Ed. cit., pp. 104 y 106.

8. Carlos Fuentes dramaturgo:
Todos los gatos son pardos

E N UN CAPÍTULO de su libro *Cervantes o la crítica de la lectura*[1], Carlos Fuentes reconoce dos modalidades posibles de la configuración verbal desplegada a partir de textualidades propuestas por la tradición:

> Si es cierto que en la literatura no se repite el milagro del génesis, sino que toda obra escrita se apoya en formas previas, más que comenzar prolonga y más que formar transforma, entonces lo interesante es considerar, en primer lugar, cómo se apoya la escritura en una forma previa. Si el nuevo texto respeta la norma de la forma anterior, la escritura sólo introduce diferencias denotadas que contribuyen a la norma de la lectura única... Pero si el nuevo texto no respeta esa normatividad y la transgrede, no para reforzarla, no para restaurar ejemplarmente el orden violado, sino con el avieso propósito de romper la identidad entre significante y significado, de quebrantar la lectura única e instaurar en el abismo así abierto una nueva figura literaria, la escritura introducirá una diferencia connotada. Creará un nuevo campo de relaciones, opondrá la pasión al mensaje normativo, criticará y superará la epopeya en la que se apoya, vulnerará la exigencia de conformidad de la lectura épica. (IV, pp. 27-28).

Es una distinción precisa y funcional, que Fuentes ilustra con manifestaciones ejemplares de la historia literaria: Dante y Petrarca, respectivamente, como instancias tempranas y memorables de esos tipos de operación. Pero en cualquier caso, obsérvese que para calificar esas operaciones Fuentes enfatiza el concepto de la *diferencia*, cuyo sentido en ese contexto induce a vincularlo con la noción de *intertextualidad*, desarrollada en varios trabajos por Julia Kristeva y Philippe Sollers. Según Kristeva, el texto es "una *productividad*, lo que quiere decir: 1) su relación con la lengua en la que se sitúa es redistributiva (destructiva-constructiva), por lo tanto es abordable a través de categorías lógicas y matemáticas más que puramente lingüísticas; 2) constituye una permutación de textos, una intertextualidad: en el espacio de un texto se cruzan y se

---

[1]México: Editorial Joaquín Mortiz, 1976.

neutralizan múltiples enunciados, tomados de otros textos[2]. Sollers agrega que ese espacio intertextual es "el lugar donde se estructuran [las] diferencias"[3].

II

Mi lectura de *Todos los gatos son pardos*[4] se ciñe a esas sugerencias críticas. Se trata de un texto transgresor, que efectivamente quebranta la lectura única e instaura una "nueva figura literaria", que puede y debe verse como crítica y superación de la textualidad épica que le sirve de base. El "Prólogo del autor" —ampliado en la reedición conjunta de sus obras dramáticas bajo el título de *Los reinos originarios. Teatro hispano-mexicano* (1971)— declara las motivaciones y propósitos de este aspecto de su trabajo y constituye el mejor análisis de su designio. Como no sea la glosa, poco hay que agregar a esas convincentes reflexiones que insisten en el empeño por descubrir en el traumático origen histórico la explicación de una conciencia fracturada del presente. No la epopeya entonces, dice Fuentes, que "rehúsa la crítica e impone la celebración", sino el ritual que "tanto teatral como antropológicamente, significa la desintegración de una vieja personalidad y su reintegración en un nuevo ser" (p. 9).

Por otra parte, *Todos los gatos son pardos* es una propuesta estimulante para los dramaturgos hispanoamericanos, y esto no sólo por su dimensión crítica sino por las virtudes constructivas que le confieren esta deseable e infrecuente eficacia: la de una formulación que reúne al mismo tiempo los valores de la palabra dramática y los del lenguaje escénico[5].

En el prólogo mencionado, Fuentes registra una de las sugerencias que originaron esta pieza:

> Hace algunos inviernos y muchas noches, Arthur Miller me decía en su granja de Connecticut que, desde niño, lo que le había fascinado en la historia de la

---

[2]Julia Kristeva, *El texto de la novela*. Traducción: Jordi Llovet (Barcelona: Editorial Lumen, 1974), p. 15.

[3]Cf. "Escritura y revolución. Jacques Henric pregunta a Philippe Sollers", en Redacción de *Tel Quel, Teoría de conjunto*, 1971, p. 91.

[4]1970. La tercera edición es de 1973 (México: Siglo XXI Editores) y su texto difiere notablemente del que se incluye en *Los reinos originarios* (Barcelona: Barral Editores, 1971, pp. 23-126), dispuesto en tres partes y no en secuencias o cuadros separados. En la tercera edición hay también cambios o condensaciones apreciables en las acotaciones y en los diálogos. Mis citas del "Prólogo del autor" y del texto proceden de esta edición.

[5]A las evidentes pobrezas del teatro hispanoamericano se refiere José Miguel Oviedo en unas atendibles páginas sobre la antología del teatro breve publicada por Carlos Solórzano en 1970: "Notas a una (deprimente) lectura del teatro hispanoamericano", en *Revista Iberoamericana*, Vol. XXXVII, Núms. 76-77, julio-diciembre de 1971, pp. 753-762.

conquista de México era el encuentro dramático de un hombre que lo tenía todo —Moctezuma— y de un hombre que nada tenía— Cortés (p. 5).

Esa observación (tan propia de un dramaturgo) resume el conflicto de *Todos los gatos son pardos*. Y con esta notable particularidad estructural, que es uno de los aciertos mayores del autor: El hecho definido como *encuentro* no aparece materializado en la obra, y sin embargo, opera poderosamente en su interior como la línea que subtiende la contraposición y derrota de los diseños históricos en pugna: el de la fatalidad del mundo indígena y el de la voluntad de los conquistadores, esta última frustrada finalmente por las jerarquías impersonales de la Iglesia y del Imperio. La pieza de Fuentes atiende a las instancias traumáticas de la disolución de esos diseños y abre para el lector (o el espectador) otro espacio dramático: el de la interrogación acerca de los males presentes. O como se lee en el prólogo:

> Los indígenas son objeto de un culturicidio; los conquistadores son objeto de un personalicidio. España, con la Contrarreforma, instala sobre los restos del poder absoluto de Moctezuma, que a su vez se fundaba sobre la opresión colonial de los pueblos tributarios, las estructuras verticales y opresivas del poder absoluto de los Austrias. España se cierra y nos encierra. Tanto el mundo indígena mexicano como el mundo renacentista español quedan fuera del diseño histórico de la colonia. Corresponderá al mundo mestizo inventar nuevos proyectos históricos y la lucha, hasta nuestros días, será entre colonizadores y descolonizadores (p. 8).

Lo que estas palabras dicen desde la ladera del ensayista que es Fuentes, la pieza dramática lo propone y lo despliega como situación escénica, a través de nueve secuencias dispuestas en un orden que, centralmente, podría cifrarse con los términos de preludio y contrapunto. En la primera secuencia, doña Marina convoca ritualmente "los portentos y rumores" que anunciaron en 1519 el comienzo de "esta historia". Las secuencias 2, 3, 5 y 7 profundizan el conflicto (y creo que ese verbo define bien la naturaleza de este proceso dramático), desde un *afuera* del Palacio de Moctezuma —donde ocurren los presagios de la tragedia— hasta el interior de la corte. Aquí, en los diálogos con augures que se desdoblan en dioses, con cortesanos y familiares, el Gran Tlatoani de México va leyendo el texto de su destino y el de su pueblo. La secuencia 4 presenta al sector de los conquistadores desde el momento del encuentro con doña Marina, y las sexta y octava, las etapas del avance hacia Tenochtitlán (Cempoala, Cholula). La secuencia 9 reúne lo disperso en el cumplimiento de los fracasos: Muerte de Moctezuma, destierro de Cortés, fusión degradada del pasado en un presente puntuado por una lluvia de zopilotes muertos que cae sobre el escenario.

III

Este rápido esquema del conflicto dramático parece sugerir una adscripción más o menos fiel a la factualidad del acontecer, tal como ella ha sido descrita por los cronistas y por los historiadores. Pero esta obra, más que una relectura imaginativa de la historia, quiere ser, asimismo, una transgresión, una crítica de la epopeya en la escritura de la *diferencia connotada*. Los textos en que se funda pueden ser localizados con relativa facilidad: la *Historia verdadera de la conquista de la Nueva España*, de Bernal Díaz del Castillo (citada en el prólogo, por lo demás); las *Cartas de relación* de Cortés, particularmente la segunda; los *Cantares mexicanos* y otras piezas poéticas, según las versiones de Ángel María Garibay y de Miguel León-Portilla. Pero en el espacio de la rica intertextualidad que es *Todos los gatos son pardos*, esos textos, y sin duda muchos otros (los de Bernardino de Sahagún, Diego Durán, etc.), se cruzan, se desplazan, se funden y se profundizan hasta alcanzar, en un incesante proceso de transformaciones escriturales, la dimensión de una apasionada respuesta a la pregunta por el significado de "toda nuestra historia".

Anoto algunos ejemplos de estas operaciones intertextuales:

1. En la primera secuencia, doña Marina avanza desde la oscuridad del escenario con una tea en alto y dice:

> Malintzin, Malintzin, Malintzin... Marina, Marina, Marina... Malinche, Malinche, Malinche... ¡Ay!, ¿a dónde iré? Nuestro mundo se acaba. ¡Ay!, ¿a dónde iré? Acaso la única casa de todos sea la casa de los que ya no tienen cuerpo, la casa de los muertos, en el interior del cielo; o acaso esta misma tierra es ya, y siempre ha sido, la casa de los muertos. ¡Ay! Totalmente nos vamos, totalmente nos vamos. ¡Nadie perdura en la tierra! ¡Alegrémonos!... Malintzin, Malintzin, Malintzin... (p. 13).

Este parlamento, con las alteraciones y supresiones que podrán advertirse, proviene del poema náhuatl titulado "Incertidumbre del fin", que aparece en *Cantares mexicanos*. Manuscrito de la Biblioteca Nacional de México, traducido por Ángel María Garibay. Su texto es el siguiente:

> ¿A dónde iré, ay?
> ¿A dónde iré?
> Donde está la Dualidad...
> ¡Difícil, ah, difícil!
> ¡Acaso es la casa de todos allá
> donde están los que ya no tienen cuerpo,

en el interior del cielo,
o acaso aquí en la tierra es el sitio
donde están los que ya no tienen cuerpo!
Totalmente nos vamos, totalmente nos vamos.
¡Nadie perdura en la tierra!
¿Quién hay que diga: Dónde están nuestros amigos?
¡Alegraos![6].

Incorporada en el contexto de la invocación ritual de doña Marina, la textualidad poética genera otras resonancias, que trascienden el margen de una vivencia individualizada y dicen la consumación de un *fatum* histórico. Véase cómo entre los dos versos iniciales —"¿A dónde iré, ay?/ ¿A dónde iré?"— se introduce una frase nueva: *Nuestro mundo se acaba*[7].

Las supresiones de la afirmación y de la reflexión siguientes, que enfatizan el enigma, y el establecimiento de otro marco contextual en que se disponen y recombinan los versos, ilustran con suficiencia el procedimiento que permite instaurar "una nueva figura literaria", esa "interpretación connotativa" a la que se refiere Fuentes en su libro sobre Cervantes. En este espacio, el texto de base es ya —obviamente— *otro* texto.

2. En las acotaciones ocurre también el mismo tipo de operación. Y un ejemplo saliente es el de la secuencia 3, en la que los augures se desdoblan en dioses.

Al dicho del augur 1: "A mí, Huitzilopochtli, el dios guerrero...", sigue la nota indicadora de su transformación y del atuendo que corresponde a ese estado:

> ... penacho de plumas amarillas de guacamaya, las caderas atadas con mallas azules, campanillas y cascabeles, las piernas pintadas de azul, sandalias de oro. Porta un escudo, un haz de flechas, una bandera de plumas. Orejeras de pájaro azul y en la frente un soplo de sangre (p. 25).

[6]*Poesía náhuatl.* II. *Cantares mexicanos.* Manuscrito de la Biblioteca Nacional de México. Primera parte. Paleografía, versión, introducción y notas explicativas de Ángel Mª Garibay K. (México: Universidad Nacional Autónoma de México, Instituto de Investigaciones Históricas, 1965). (*Fuentes Indígenas de la Cultura Náhuatl*: 5). Vid. p. 86.

[7]En algunos casos la correspondencia textual es fácilmente reconocible por la mayor difusión de fragmentos o piezas completas en antologías de la literatura indígena. Cp. el "Coro de augures" de la secuencia 9 (p. 173) con la "Descripción épica de la ciudad sitiada" —de *El texto anónimo de Tlatelolco*— y con "Un canto triste de la conquista", en *El reverso de la conquista. Relaciones aztecas, mayas e incas*, por Miguel León-Portilla (México: Editorial Joaquín Mortiz, 1964), pp. 53-54 y 62. Véase también, del mismo autor, *Visión de los vencidos. Relaciones indígenas de la conquista* (México: Ediciones de la Universidad Nacional Autónoma, 1959). (Biblioteca del Estudiante Universitario, 81), p. 192 y ss.

No hay duda de que estos datos sobre el atuendo del dios provienen de las figuraciones de los códices, pero también de una textualidad que las verbaliza. En este caso se trata de un cantar basado en las descripciones de fray Diego Durán, difundido en la versión de Miguel León-Portilla:

Atavíos de Huitzilopochtli

Huitzilopochtli, Guerrero,
Colibrí a la izquierda,
tus insignias y atavíos:
casco de plumas amarillas
y penacho de quetzales.
Orejera de pájaro azul,
soplo de sangre en la frente,
...
las caderas atadas con mallas azules,
las piernas color azul claro,
campanillas cascabeles en las piernas.
Sandalias de príncipe,
...
haz de flechas sobre el escudo,
bastón de serpientes erguido en la diestra,
y en la izquierda, bandera de plumas de quetzal[8].

El parlamento del dios: "No en vano tomé el ropaje de plumas amarillas, porque yo soy el que ha hecho salir el sol" (p. 25), repite dos versos del himno ritual "A Huitzilopochtli":

No en vano me he ataviado con ropaje de amarillas plumas, como que por mí ha salido el sol[9].

3. Entre otros ejemplos de transformaciones escriturales realizadas por el autor, importan los de las secuencias correspondientes al sector de los conquistadores. El Soldado 1, que desde el centro del escenario relata las acciones guerreras del avance hacia Tenochtitlán en la secuencia 4 (pp. 72 y ss.), no es otro que Bernal Díaz del Castillo, según el capítulo IX de su *Historia verdadera de la conquista de la Nueva España* —Episodio de la batalla de Champoton—, relación en la que se introduce también un detalle perteneciente al episodio de

---

[8]En *Poesía precolombina*. Selección, introducción y notas de Miguel Ángel Asturias (Buenos Aires: Compañía General Fabril editora, 1960). Cito por la segunda edición, 1968, p. 57.

[9]En *Poesía indígena de la altiplanicie*. Divulgación literaria. Selección, versión, introducción y notas: Ángel Mª Garibay K. (México: Universidad Nacional Autónoma de México, 1940). (*Biblioteca del Estudiante Universitario*, 11). Tercera edición, 1962, p. 1.

la batalla de Tabasco (capítulo xxxiv de la *Historia…*). Al relato del Soldado 1 [Bernal Díaz del Castillo] hace contrapunto dramático el monólogo de doña Marina, cuya voz alterna con la del soldado creando el espacio que luego llena la presencia de Cortés ante los emisarios de Moctezuma. Los textos que aquí se permutan proceden de Bernal Díaz, capítulo xxxvi, y de la segunda carta de Cortés.

4. Finalmente, registro otro momento singular de la elaboración en la misma secuencia 4, donde un breve pasaje de Bernal Díaz —la relación de los caballos que pasaron a México, capítulo xxiii— es ampliado en la puesta en situación escénica de las figuras y las palabras de Cortés, Ordás, Portocarrero, Sandoval, Alvarado (pp. 78-79), cuyos comentarios acerca de las propiedades de esos animales se proyectan como exaltación de las acciones personales. Pero ocurren aquí alteraciones y traspasos de una mención de Bernal Díaz a otra y otras; y como en todo el proceso de fusiones (recombinatorias) a que recurre Fuentes —en toda la obra y con respecto a todos los fragmentos de las textualidades de base que considera— se manifiesta una vez más lo que entiendo como el sentido de esa operación escritural: la verdad de la historia es puesta en entredicho y la ejemplaridad que se le atribuye es agredida profundamente, exigiendo de este modo la urgencia de la crítica, de la necesaria reescritura y, más aún, de la relectura. Por eso, al dictado de Cortés en la octava secuencia: *Sea escrito…* (p. 146), puntuado por las respuestas de Diego de Ordás —que dice lo escrito por Bernal Díaz en el capítulo lxxxiii—, las voces del drama contestan con esta otra proposición: *Sea releído.*

IV

Empecé esta nota con una cita de Fuentes sobre las operaciones intertextuales, y quiero cerrarla con otra, que las reconoce como una actividad consubstancial de la literatura. Se encuentra en un ensayo del autor[10] y es, a su vez, una cita:

> El sentido histórico —escribe la mujer Virginia Woolf— compele a un hombre a escribir no sólo con su propia generación en los huesos, sino con un sentimiento de que la totalidad de la literatura europea desde Homero y dentro de ella la totalidad de la literatura de su propio país, tiene una existencia simultánea y compone un orden simultáneo. El sentido histórico… es lo que hace tradicional a un escritor. Al mismo tiempo, es lo que lo hace más agudamente consciente de su lugar en el tiempo, de su propia contemporaneidad.

[10]"Cronos en su baño", en *Vuelta*, Vol. 2, Número 24, noviembre de 1978, p. 30. La cita —atribuida por Carlos Fuentes a Virginia Woolf— proviene del ensayo de T.S. Eliot, "Tradition and Individual Talent". Véase más adelante, p. 136.

9. Primera noticia sobre un libro de amor de Enrique Lihn

*A*L BELLO *aparecer de este lucero* es, en un cierto sentido, un primer libro de Enrique Lihn. Afirmación desconcertante para sus lectores de Hispanoamérica que han leído muchos otros del autor en sus lugares propios, pero en la que debo insistir porque este libro es el primero en las condiciones actuales: las del ingreso de este poeta en el ámbito hispanoparlante de los Estados Unidos, casi otro país cuyas cercanías y diferencias son sin duda algo más que la suma o la resta de las cercanías y diferencias que hacen posible el diálogo de un espacio y un texto, en un sitio y en un tiempo específicos.

Hay también otras razones para reducir la afirmación inicial. Deja intocada esta evidencia: E.L. es conocido en USA a través de numerosas traducciones en revistas y libros, el último de los cuales —y el más abarcador— es *The Dark Room and Other Poems*, editado por New Directions en 1978. Pero no es ése el tipo de difusión al que me refiero en el párrafo anterior.

E.L. es uno de los poetas actuales más importantes en lengua española. De esto vienen dando cuenta, desde la década del sesenta, las antologías más exigentes, las revistas especializadas que solicitan y acogen reseñas y ensayos críticos sobre su trabajo, las diversas ediciones que se suceden en Chile, en México, en el Perú, en España. Los premios recibidos y esas otras formas de reconocimiento que son las becas de fundaciones extranjeras indican asimismo un consenso valorativo.

En 1966, E.L. obtuvo el premio Casa de las Américas por *Poesía de paso*, un libro escrito cuando era becario de la UNESCO. En un orden parecido de azares favorables, una nueva estadía del poeta de paso en New York como becario de la Guggenheim Foundation coincidió con la edición antológica de New Directions. Ese mismo año escribe *A partir de Manhattan*, un volumen con el que la Editorial Ganymedes se asoció al año siguiente a la celebración del cincuentenario de E.L. Los testimonios de este suceso del exilio interior fueron recogidos en *Derechos de autor* (1981), un libro manufacturado de considerables proporciones, simultáneo en su aparición y desaparición (la tirada de ochenta ejemplares estaba destinada a los amigos literarios de E.L.).

En cuanto a las antologías, no es fácil nombrar una que omita la presencia de E.L.: los lectores avisados de la poesía hispanoamericana tendrían un fundado derecho a disentir de tal improbable omisión. Y entre las compilaciones

107

significativas en otras lenguas debe mencionarse aquí *16 poetas hispanoamericanos*, publicada en Atenas por Rigas Kappatos (1980).

Como narrador, el cuentista de *Agua de arroz* (1964) ha vuelto a la prosa en el pasado decenio con novelas decididamente experimentales, en las que el lenguaje se representa a sí mismo distribuyéndose los roles que la tradición ha asignado a los personajes y a los acontecimientos. Las define bien el título de la última: *El arte de la palabra* (1980).

Como ensayista sobre temas literarios no sólo interesan los artículos y notas que E.L. publica con frecuencia en Hispanoamérica y en USA. Considero legítimo incorporar en este rubro al conversador y remitir a un libro que lo confirma: mis *Conversaciones con Enrique Lihn* (1980).

La esquemática figuración del quehacer de E.L. que he intentado esbozar para los lectores de Ediciones del Norte debe completarse con otras observaciones. Me las sugiere la disposición misma del diario de poemas que es *Al bello aparecer de este lucero*. Los días intercambiables que lo conforman me inducen a la anotación marginal, asistemática. Un resumen de la idea motivada por el diario: lectura en movimiento suscitada por un conjunto de textos que en este caso no podrá detener la materialidad del libro que lo contiene.

E.L. nos empezó a familiarizar con estos procedimientos desde *Poesía de paso*, diario de viaje o registro de situaciones, que al verbalizarse como respuestas fragmentarias e inmediatas a los estímulos y provocaciones de lo desconocido abrían el espacio de un paradojal reconocimiento: el que alcanza una mirada oblicua, distanciada y ajena, para la cual la percepción de un lugar *produce* la memoria del mismo. Una primera vuelta de tuerca, en la que se revela entonces una diferencia: las fascinaciones del viajero encubren las tentaciones de una instalación imposible fundada en un saber negado de antemano. Porque el poeta de paso no conocerá nunca los lugares de que habla: se limitará a recorrerlos. Sus andanzas "dan cuenta más bien de un cierto desarraigo, que se extiende a la propia existencia sentida como un viaje" (E.L., *Conversaciones*).

"El viaje es un cambio de escenario que corrobora la persistencia del sujeto que viaja", agrega E.L. Y así lo sentimos en los variados espacios que sus libros parecen escribir, pero en los cuales sorprendemos de pronto a un sujeto que es escrito por ellos, circunstancia insinuada en los títulos al determinar las menciones espaciales con ciertas marcas —ambiguas— de ruptura de la univocidad: *Escrito en Cuba* (1969); *París, situación irregular* (1977); *A partir de Manhattan* (1979); *Estación de los Desamparados* (1982).

Creo que *París, situación irregular* ilustra con plenitud la eficacia de estos modos escriturales de E.L. y las proyecciones logradas. Carmen Foxley describió en su oportunidad esa escritura en un estudio ejemplar, modestamente titulado "Prólogo", y al que deberá regresar sin tardanza el lector cuidadoso. Porque cambiando lo que hay que cambiar (actitud que esa clase de lector siempre está dispuesto a asumir), advertirá que el diseño del diario de viaje, dibujado con tanta precisión por Carmen Foxley en su lectura de aquel libro, traza también algunas líneas aplicables al diseño de este diario de poemas. Otro dibujo, desde luego, pero de un sujeto igualmente "en situación irregular" con respecto al asunto que genera el discurso de *Al bello aparecer de este lucero*.

Resumo los avatares de la escritura de E.L. en los últimos veinte años, tomando de más atrás la corrida.

La pieza oscura (1963) explora centralmente "la relación entre la memoria y el lenguaje poético, algo así como una misma actividad que se desarrolla en planos homólogos" (E.L., *Conversaciones*). En particular el poema que da título al libro y los de la serie que se despliega allí como una constelación, manifiestan una imposibilidad del sujeto reminiscente o evocador en busca de un tiempo perdido: la infancia sólo existe gracias a la memoria en un presente *que es* el texto. Ese viaje es ilusorio: no hay más infancia ni más tiempo pasado que los que produce la memoria en el lenguaje. Comprobación sombría, pero que tiene su contrapartida en el mismo carácter ilusorio del rescate: una forma del deseo, un desquite contra la ominosidad de lo real.

De modo semejante, o mejor, homólogo, se constituye el viajero denodado que discurre por *Poesía de paso* y los otros libros (escenarios) de ese género. Sus desplazamientos se resuelven como desencuentros que originan un discurso antiutópico, corrosivo, disfórico, crítico de sí mismo y del contorno que registra sin la menor complacencia.

Una imagen une, para mí, la figura de ese viajero con la del personaje que habla en *La musiquilla de las pobres esferas* (1969): la muerte de los coribantes y el eco —ahora sólo un ruido— de la música a cuyo son realizaban sus movimientos "descompuestos y extraordinarios". Ese ruido es el sonsonete vacuo, la lira envilecida que Waldo Rojas sintió fluir por la única y desvencijada ventana que acaso persiste de la luminosa caverna de Blake ("Nota preliminar" a *La musiquilla…*).

Al bello aparecer de este lucero puede leerse como un entramado de las varias direcciones recorridas por E.L. hasta llegar a este punto. Pero como un entramado no es una suma, se trata aquí de una resultante singular y extrema respecto de algunos procedimientos puestos en práctica en los libros mencionados, y no sólo de poesía (téngase presente una vez más *El arte de la palabra*).

Recurrencias y resonancias de diversos lenguajes —prestigiosos y llanos— sustentan la escritura de un emisor supuestamente instalado en una seguridad. Este hablante cree o simula creer mientras escribe su pasión que eso y no otra cosa es la literatura. Doble seducción: la de un referente (posible) que lo atrae hasta el borde de un vacío que desearía llenar, y la de un distanciamiento que lo niega mediante el reenvío irónico a la literatura. De ahí el juego de intertextualidades (el título del libro procede de un poema de Fernando de

Herrera), al que no es ajeno la obra anterior de E.L.: como un eco del verso "una muchacha cayó, en otro mundo, a mis pies" (de *La musiquilla...*) surge esta anotación en un poema presente: "esa misma muchacha a quien amé/ en silencio hace cosa de cien años". De manera parecida: "Un gran amor, la perla de su barrio/ le roba el corazón alegremente/ para jugar con él a la pelota" (de *La pieza oscura*) prefigura o recuerda prospectivamente estos versos actuales: "El corazón partido en dos por un mordisco/ palpitaba melancólicamente por ti y alegre...". Intertextualidades reflejas.

A lo largo del libro, el sujeto que describe este cortejo erótico compara su experiencia con la de otros sujetos textuales (desde la poesía medieval a Neruda, pasando por Sade y Masoch), sin advertir que esos sujetos, anacrónicamente, también podrían reconocer la suya en *Al bello aparecer de este lucero*. En el círculo (descentrado) que es el acto literario escenificado en este libro, el hablante distancia la experiencia propia remitiéndola a textos ajenos que lo devuelven a ella y lo inscriben en la dilatada escritura de la poesía amorosa. El lector descubre que —como ocurre a menudo en este género— esa comunicación privada con una destinataria única solapada en el artificio de las atribuciones, citas y referencias que se trenzan a veces con el improperio, es, en última instancia, la coartada consustancial al arte de la palabra:

> *Todo está hecho de palabras*
> *no te asustes: son tropos: pavoneos de nada.*
>
> *Por ti y no de ti está hecho el poema.*

10. Un caso de elaboración narrativa de experiencias concretas en *La ciudad y los perros*

U N APRECIABLE SECTOR de la crítica internacional que se ha referido a la novela *La ciudad y los perros*, del escritor peruano Mario Vargas Llosa[1], destaca cierto prurito de exactitud en el novelista, una tenaz preocupación por transmitir observaciones más o menos precisas de la realidad que constituye el sustrato de su obra. Es efectivo que el autor estudió en el Colegio Militar Leoncio Prado, plantel que sirve de escenario a gran parte de la novela; además, las cuatro ediciones de Seix Barral se abren con un "Plano de la ciudad de Lima metropolitana", que permite seguir con fidelidad el desplazamiento de los personajes[2]. Ambos datos —un momento de la biografía de Vargas Llosa y la presencia de ese plano en el volumen— parecen haber condicionado negativamente a un buen número de críticos de *La ciudad y los perros*, con perjuicio evidente para el mejor rendimiento del análisis de una obra de estructura compleja y de riquísimo contenido simbólico[3]. De este modo, no resulta extraño que —desde distintos ángulos— se haya tratado con exceso de fijar la implicación autobiográfica, reconociendo incluso al autor en el personaje Alberto Fernández, denominado el Poeta, o que se acuda a la existencia del Plano como si se tratara de una irrecusable afirmación de verismo.

Acerca de una de esas preocupaciones interpretativas ilustra este instante de la mesa redonda sobre *La ciudad y los perros*, realizada en la Casa de las

---

[1] Barcelona, Seix Barral, 1963. 347 p. Premio Biblioteca Breve 1962; Premio Crítica 1963. Único manuscrito en lengua española presentado al Premio Formentor 1963, donde obtuvo 3 votos sobre 7. Cuarta edición: septiembre de 1964. Mario Vargas Llosa (1936) ha publicado también un libro de cuentos, *Los jefes*, Barcelona, Rocas, 1959.

[2] El "Plano..." no aparece en la edición de Lima, Populibros Peruanos [1964]. 339 p.

[3] La novela de Vargas Llosa ha merecido una atención crítica extraordinariamente sostenida; entre el vasto material existente que nos ha sido posible consultar, sobresalen, sin contrapeso, tres estudios notables: Alberto Escobar: "Impostores de sí mismos". En *Revista Peruana de Cultura*, Lima, Nº 2, julio 1964, pp. 119-125; Jorge Raúl Lafforgue: "Mario Vargas Llosa, moralista". En *Capricornio*, Buenos Aires (Segunda época), año I, Núm. 1, mayo-junio 1965, pp. 48-72; Raúl H. Silva Cáceres: "Mario Vargas Llosa: *La ciudad y los perros*. Biblioteca Breve (Barcelona, Editorial Seix Barral, 1963); 343 p.". Reseña bibliográfica en *Cuadernos Hispanoamericanos*, Madrid, t. LVIII, Nº 173, mayo 1964, pp. 416-422.

Américas, de La Habana, el 29 de enero de 1965, entre Luis Agüero, Juan Larco, Ambrosio Fornet y el propio novelista:

AGÜERO: Por supuesto, usted estudió en el Leoncio Prado...

VARGAS LLOSA: Sí, estuve dos años.

AGÜERO: ¿Hay elementos autobiográficos en la novela?

VARGAS LLOSA: Bueno, en la medida en que todo autor es autobiográfico. Los escritores sólo pueden escribir sobre la realidad en función de su experiencia personal, y, claro, en la novela yo he volcado una experiencia, he tratado de ser fiel, en todo lo posible, al ambiente de Leoncio Prado que yo conocí. Desde luego, la novela es una ficción. Mi intención no era contar un hecho de mi vida, sino recrear un ambiente que a mí me impresionó y que en cierta forma me obsedía, me perseguía. Pero yo creo que este es un fenómeno muy frecuente en la literatura. Un autor que escribe sobre Marte, vuelca una experiencia personal.

AGÜERO: Yo le hacía esa pregunta porque imaginaba que el personaje de Alberto...

VARGAS LLOSA: Bueno, eso me han dicho... pero en realidad yo no me reconozco absolutamente en Alberto[4].

Con demasiada frecuencia, la inversión o confusión de términos como "verosímil" y "verídico" suele impedir el acceso al sentido último de una novela. El ensayista Alberto Escobar ha puntualizado así el problema, en su penetrante comentario sobre *La ciudad y los perros*:

... la novela *crea* realidad, la transforma y perfecciona: es un camino imaginario hacia lo real, a través de la *experiencia* imaginada de una criatura imaginaria, pero que se confunde con la realidad. [...] la novela apunta a lo real por lo imaginario, mientras la lírica a lo imaginario por lo real. La lírica es éxtasis, maravilla; la novela, conocimiento constructivo, percepción totalizadora[5].

Es por esto que Escobar no considera indispensable esclarecer si la materia que usa el novelista es verídica o inventada:

... digamos —agrega—, a fin de llegar a un acuerdo, que lo sensato será presumir que es posible que ella sea de una u otra índole, o que el autor haya tomado pie en situaciones y caracteres conocidos, para luego conferirles la virtualidad de un

---

[4]Luis Agüero, Juan Larco, Ambrosio Fornet, Mario Vargas Llosa. "Sobre *La ciudad y los perros*, de Mario Vargas Llosa". En *Casa de las Américas*. La Habana, año v, N° 30, mayo-junio 1965, pp. 63-80. La cita corresponde a las pp. 75-76.

[5]Alberto Escobar. Loc. cit., p. 120.

desarrollo imaginario. Es decir, que el autor nos ha enfrentado a una serie de personajes y normas que se han ensamblado en la obra al servicio de una finalidad interna: su destino imaginario; y más adelante, concluida la lectura del libro, después de haber asistido al desarrollo de ese destino, inferimos una verdad externa, que no atañe al Colegio Leoncio Prado en particular, o que le atañe en la proporción que a cualquier sociedad cerrada, presuntamente distinta de la comunidad que la genera y la surte[6].

Las observaciones de Escobar apuntan a una exigencia básica del género, que atiende al grado de elaboración de los materiales —los que pueden estar constituidos por experiencias concretas del autor— aprovechados como fundamento del desarrollo imaginario. Es en este sentido que nos ha parecido de interés confrontar dos textos de Vargas Llosa, suficientemente iluminadores de este aspecto de la creación novelística y, en particular, de la obra del escritor peruano.

El primer texto se titula "Nota sobre César Moro", y apareció en el número inicial de la revista *Literatura*[7], de Lima, en el mes de febrero de 1958. Se trata de un artículo en el que Vargas Llosa testimonia conmovedoramente su admiración al poeta desaparecido en 1956, y cuya producción surge con caracteres excepcionales dentro de la lírica peruana, por su auténtica condición visionaria, plasmada en un lenguaje poético de extraordinario y misterioso poder.

En la breve nota, Vargas Llosa muestra —con bastante lucidez— los valores de la poesía de César Moro e indica que la orientación *sui generis* de su obra lo define como un creador sustancialmente extraño en el ámbito nacional. Pero lo que sirve a nuestro propósito no es, por ahora, su apreciación crítica acerca del poeta, sino la entrañada visión del hombre con que empieza su artículo:

> Recuerdo imprecisamente a César Moro: lo veo, entre nieblas, dictando sus clases en el colegio Leoncio Prado, imperturbable ante la salvaje hostilidad de los alumnos, que desahogábamos en ese profesor frío y cortés, la amargura del internado y la humillación sistemática que nos imponían los instructores militares. Alguien había corrido el rumor de que era homosexual y poeta: eso levantó a su alrededor una curiosidad maligna y un odio agresivo que lo asediaba sin descanso desde que atravesaba la puerta del colegio. Nadie se interesaba por el curso de francés que dictaba, nadie escuchaba sus clases. Extrañamente, sin embargo, este profesor no descuidaba un instante su trabajo. Acosado por una lluvia de invectivas, carcajadas insolentes, bromas monstruosas, desarrollaba sus

---

[6]Alberto Escobar. Loc. cit., pp. 120-121.
[7]De esta revista, creada y dirigida por Mario Vargas Llosa, Abelardo Oquendo y Luis Loayza, sólo aparecieron tres números, entre febrero de 1958 y agosto de 1959.

explicaciones y trazaba cuadros sinópticos en la pizarra, sin detenerse un momento, como si, junto al desaforado auditorio que formaban los cadetes, hubiera otro, invisible y atento. Jamás adulaba a sus alumnos. Nunca utilizaba a los temibles suboficiales para imponer la disciplina. Ni una vez pidió que cesara la campaña de provocación y escarnio desatada contra él. Su actitud nos desconcertaba, sobre todo porque parecía consciente, lúcida. En cualquier momento hubiera podido corregir de raíz ese estado de cosas que, a todas luces, lo estaba destruyendo: le bastaba servirse de uno de los innumerables recursos de coacción y terror que aplicaban, en desenfrenada competencia, sus "colegas" civiles y militares; sin embargo, no lo hizo. Aunque nada sabíamos de él, muchas veces, mis compañeros y yo, debimos preguntarnos qué hacía Moro en ese recinto húmedo e inhóspito, desempeñando un oficio oscuro y doloroso, en el que parecía absolutamente fuera de lugar (p. 5).

Este fragmento de Vargas Llosa reproduce una situación real, ubicada en una época que, más adelante, se precisa: "Ocho años después me pregunto cómo situar a Moro en la poesía peruana...". Luego podremos observar cómo se transforma en la novela el conflicto del personaje concreto que es César Moro, al aparecer como conflicto de un personaje imaginario: el profesor Fontana. En el artículo, Vargas Llosa nos informa acerca de un momento de su experiencia personal; en la novela, el narrador nos proveerá de un "modo de conocer", a través de la puesta en *situación narrativa* del suceso que —nosotros lo sabemos ahora— aconteció alguna vez. Como ocurre en toda buena novela, volveremos a lo real por el camino de lo imaginario. Y, en este caso, enriquecidos, porque esta situación narrativa exhibe, una vez más, la fuerza comunicativa de los motivos que han sido señalados como fundamentales de *La ciudad y los perros*: la violencia[8], la radical soledad del ser humano, el ejercicio de la crueldad, la superstición del machismo, la impotencia frente a la injusticia, el problema de la supervivencia del más fuerte.

El texto que nos permite el cotejo revelador de la capacidad de elaboración novelística de Vargas Llosa, se encuentra en el capítulo VII de la Primera parte de *La ciudad y los perros*, y corresponde a una de las secuencias del monólogo interior del personaje denominado el Boa:

... en las clases de francés uno se divierte mucho, vaya tipo raro, Fontana. El serrano decía: Fontana es todo a medias; medio bajito, medio rubio, medio hombre. [...]. Dicen que no es francés sino peruano y que se hace pasar por

[8]Para una discusión de este motivo, confróntese la mesa redonda publicada en la revista *Casa de las Américas*, ya citada, donde el autor expone su punto de vista discrepante sobre el planteamiento del tema (pp. 76-77).

francés, eso se llama ser hijo de perra [...] ¿de dónde sale tanta cosa que cuentan de Fontana? Todos los días sacan algo nuevo. De repente ni siquiera es marica, pero de dónde esa vocecita, esos gestos que provoca pellizcarle los cachetes. Si es verdad que se hace pasar por francés, me alegro de haberlo batido. Me alegro que lo batan. Lo seguiré batiendo hasta el último día de clase. Profesor Fontana, ¿cómo se dice en francés cucurucho de caca? A veces da compasión, no es mala gente, sólo un poco raro. Una vez se puso a llorar, creo que fue por las "Gilletes", zumm, zumm, zumm. Traigan todos una "Gillete" y párenlas en una rendija de la carpeta, para hacerlas vibrar les meten el dedito, dijo el Jaguar. Fontana movía la boca y sólo se oía zumm, zumm, zumm. No se rían para no perder el compás, el marica seguía moviendo la boquita, zumm, zumm, zumm, cada vez más fuerte y parejo, a ver quién se cansa primero. Nos quedamos así tres cuartos de hora, quizá más. ¿Quién va a ganar, quién se rinde primero? Fontana como si nada, un mudo que mueve la boca y la sinfonía cada vez más bonita, más igualita. Y entonces cerró los ojos y cuando los abrió lloraba. Es un marica [...]. Se fue y todos dijeron "ha ido a llamar al teniente, ya nos fregamos", pero eso es lo mejor, sólo se mandó mudar. Todos los días lo baten y nunca llama a los oficiales. [...]. Los maricas son muy raros. Es un buen tipo, nunca jala en los exámenes. Él tiene la culpa que lo batan. ¿Qué hace en un colegio de machos con esa voz y esos andares? El serrano lo friega todo el tiempo, lo odia de veras. Basta que lo vea entrar para que empiece, ¿cómo se dice maricón en francés?, profesor ¿a usted le gusta el catchascán?, usted debe ser muy artista, ¿por qué no se canta algo en francés con esa dulce voz que tiene?, profesor Fontana, sus ojos se parecen a los de Rita Haywoorth. Y el marica no se queda callado, siempre responde, sólo que en francés. Oiga, profesor, no sea usted tan vivo, no mente la madre, lo desafío a boxear con guantes. Jaguar no seas mal educado. Lo que pasa es que se lo han comido, lo tenemos dominado. Una vez lo escupimos mientras escribía en la pizarra, quedó todito vomitado, qué asquerosidad decía Cava, debía bañarse antes de entrar a clases... (pp. 148-149)[9].

Mario Vargas Llosa ha manifestado que "todas las técnicas deben proponerse anular la distancia entre el lector y lo narrado, no permitir que el lector, en el momento de la lectura, pueda ser juez o testigo, lograr que la narración lo absorba de tal manera que la vida del lector sea la vida de la narración y que, entonces, el lector viva la narración como una experiencia más"[10].

El modo cómo el autor ha logrado elaborar sus materiales, de acuerdo con una clara concepción teórica acerca del sentido de las situaciones narrativas desarrolladas en la obra, es lo que hemos pretendido insinuar en esta nota.

[9]Citamos por la primera edición de Seix Barral.
[10]*Casa de las Américas*, N° 30, p. 78.

11. Concepto y función de la literatura en Chile: 1920-1970

(*Notas para un diálogo*)*

N LA REUNIÓN anterior, Jorge Edwards presentó una visión global del proceso de la literatura chilena entre 1920 y 1970 que abundó, a mi parecer, en notas significativas, relacionadas con la cuestión que nos preocupará esta tarde. Los comentarios de Hernán Godoy y de José Joaquín Brunner aportaron también datos y opiniones que deben tenerse en cuenta para la continuidad de este diálogo, en el que intentamos describir y, en cierto modo, valorar ese proceso.

El interés de un debate de esta naturaleza puede residir en el diseño de un sistema de líneas de fuerza —por así llamarlas—, en las que ha quedado registrada con mayor o menor intensidad, pero siempre operante, una voluntad de definición que empezó a manifestarse en América desde el momento mismo del Descubrimiento y de la Conquista. Aunque resulta pertinente reconocer ese ciclo (extendiéndolo a toda la Colonia) como el de los "mantenedores de tradición hispánica"[1], por la incuestionada vigencia de los modelos originados en la metrópoli, importa retener el hecho siguiente: que lo nuevo y relevante de los productos culturales del período fue el modo cómo se grabó en ellos una primera marca diferenciadora, cómo empezaron a introducirse desde temprano en los moldes paradigmáticos las inscripciones de la mano que se los apropiaba y que en algunos casos intentaba violentarlos a fin de convertirlos en un instrumento más dúctil para la expresión de contenidos de mundo senti-

*Durante los meses de agosto y septiembre de 1981 se realizaron en Santiago de Chile cuatro sesiones sobre el tema "Cultura y Sociedad", en el seminario, "Elementos para la interpretación de la historia reciente de Chile, 1920-1970", organizado por la Corporación de Investigaciones para el Desarrollo (CINDE). El programa se inició el 12 de agosto con una "Visión global" presentada por Jorge Edwards. Mis notas fueron leídas en la segunda sesión (día 19), como prólogo a las proposiciones y comentarios escritos para esa oportunidad por Alfonso Calderón, Martín Cerda, Enrique Lihn, Adriana Valdés, Luis Sánchez Latorre y Cristián Huneeus.

El texto se publica ahora con algunas reducciones y precisiones (éstas son principalmente bibliográficas), pero sin alterar su carácter de ponencia introductoria, lo que explica el tono de la exposición y el grado de generalidad de las observaciones.

[1]Véase Alberto Escobar, "Prólogo" a su *Antología de la poesía peruana contemporánea*. Lima, Ediciones Nuevo Mundo, 1965. Segunda edición, corregida y aumentada: Lima, Ediciones Peisa, 1973, 2 tomos. (Colección *Biblioteca Peruana*, Núms. 27 y 30).

dos, asimismo, como nuevos y diversos. En este punto de las modificaciones del modelo es donde Arturo Uslar Pietri sorprende los primeros indicios de lo criollo[2], idea que invita —en el plano específico de la escritura— a considerar esa suerte de "provincia de la literatura peninsular" como una instancia subterráneamente conflictiva. Anoto sólo el ejemplo del Inca Garcilaso y sus *Comentarios*, subtendidos por continuas y refrenadas tensiones que transmiten, seguramente más para el lector de hoy que para el contemporáneo, un sentimiento de inconformidad y desasosiego ante las imposiciones de la historia.

Pero no quisiera extraviarme en ese laberinto constituido por un complejo escritural, que en los últimos años ha comenzado a ser releído desde una perspectiva que entiende la historia, al decir de Edmundo O'Gorman, como una disciplina con problemas. No es el menor para nosotros definir este período de los "mantenedores de la tradición hispánica" atendiendo al carácter crítico de una zona de encuentros y fracturas culturales (como es el sitio en el cual nos hallamos todavía instalados).

Con esta breve nota introductoria de recurrencia al pasado indico mi interés por ciertas sugestiones apuntadas en la reunión del 12 de agosto, y que me parecieron implícitas en las nociones de *cambios de modelo* y de *influencias exteriores*, atraídas por Jorge Edwards; en las de *reconocimiento de la identidad* y *sentido americanista de la cultura chilena* —existente primero y perdido o diluido después— anotadas por Hernán Godoy; en la idea de *impugnación*, formulada por José Joaquín Brunner, y en las de *trasfondo histórico-cultural* y *trascendencia del análisis de las generaciones* en el comentario de Felipe Herrera. Para los fines de mi exposición, diré que esas nociones surgirán a veces entrecruzadamente y con una labilidad que podrá juzgarse como extremada. Espero no desfigurar demasiado el sentido en que esas nociones fueron expuestas aquí, para situar el debate.

El modelo general de aquella primera época, que de manera tan temeraria he tratado de esquematizar en los párrafos anteriores, sufre una impugnación frontal a comienzos del siglo XIX con la crisis del estatuto colonial, que da lugar a un período diverso y que, en el plano literario, "exige un reacomodo [...] en los paradigmas de lengua y de expresión". El establecimiento de las nuevas naciones "ahonda la convicción de una identidad o parentesco entre la comunidad hispanoamericana" y plantea a los hombres de ese tiempo la tarea —en la que muchos insistieron, y entre ellos nuestro Lastarria— de "encarar un destino común o dividido"[3].

---

[2]"Lo criollo en la literatura", en *Cuadernos Americanos*. México, año IX, Vol. XLIX, Núm. 1, enero-febrero 1950, pp. 266-278 (incluido en el volumen de ensayos *Las nubes*).
[3]Las frases citadas proceden del prólogo de A. Escobar, edición de 1965.

Alberto Escobar designa el siglo XIX y los primeros años del siglo XX como etapa de los "buscadores de una tradición propia, o nativa". Y ese rasgo que él advierte en la poesía peruana del período es el mismo que está inscrito en toda la literatura hispanoamericana, desde José Joaquín Fernández de Lizardi y Andrés Bello, en una serie impresionante de manifiestos, polémicas, prólogos, prospectos de revistas y reflexiones incorporadas en textos ensayísticos e incluso narrativos. Tales testimonios valen como modelos, que preceden a la práctica creadora y necesariamente la condicionan. Se trata, sin más, de programas que contienen una idea de la literatura (por ejemplo, como expresión del estado social) e insisten en la función utilitaria que ella debe cumplir. Los cambios que ocurren al interior de ese sistema, con ser considerables, no podrían estimarse todavía como nuevas impugnaciones: son desplazamientos de las preferencias de acuerdo con las alteraciones producidas en el contexto cultural y social, pero unificados en el fondo por una invariante: la atención irrestricta a un referente concreto.

La primera propuesta de este ciclo —que la historiografía señala como tendencia neoclásica o ilustrada— sitúa lo literario en el horizonte ideológico del iluminismo, enfatizando su finalidad pedagógica y edificante. Como se ha observado muchas veces, el concepto de literatura suele disolverse entonces en los términos de "obras sabias" o en el de "escritos luminosos" (Camilo Henríquez), destinados a esparcir "verdades útiles", "difundir las luces", cultivar "la sublime ciencia de hacer felices a las naciones". Son las doctrinas traídas por "los navíos de la Ilustración", pero a las que se añaden preocupaciones y urgencias propias: atender a las peculiaridades del contorno nativo y encontrar la fórmula expresiva adecuada, que se leen en las Silvas americanas de Andrés Bello y que reaparecen bajo la especie de un resumen en su Discurso en el aniversario de la Universidad, en 1848: "O es falso que la literatura es el reflejo de la vida de un pueblo, o es preciso admitir que cada pueblo de los que no están sumidos en la barbarie es llamado a reflejarse en una literatura propia, y a estampar en ella sus formas"[4]. Principios no tan discordantes, por cierto, con los de los jóvenes románticos, sus contemporáneos.

Porque el proyecto romántico de indagación del ser nacional consideraba también como su núcleo generador un ideal de cultura semejante al expuesto por Bello. Y tanto había hecho suyo el de este último, que Juan María Gutiérrez prologó su antología América poética (el primer libro de esa clase que apareció en

[4]"Discurso pronunciado por el Rector de la Universidad de Chile en el Aniversario Solemne del 29 de octubre de 1848", Anales de la Universidad de Chile, año 1848. Cito por Obras Completas de Don Andrés Bello. Edición hecha por la dirección del Consejo de Instrucción Pública. Santiago de Chile, Impreso por Pedro G. Ramírez: Opúsculos literarios y críticos, III. Volumen VIII, 1885, p. 374.

el continente, editado en Valparaíso en 1846) con la "Alocución a la poesía" publicada por Bello en 1823 en su *Biblioteca Americana*.

La antología de Gutiérrez ilustra una característica fundamental del período, ya anotada: el nacionalismo cultural de esa hora fue en rigor un americanismo[5].

Dondequiera que se escriban esos discursos, y aunque se particularice a menudo el objeto con el indicador de *lo nacional*, la verdad es que la extensión del sentido es inmediata. Bello piensa y propone para los americanos: la "autonomía cultural de América" es un tema en el artículo publicado en *El Araucano* en 1848, de donde procede esta cita:

> Nuestra civilización será también juzgada por sus obras; y si se la ve copiar servilmente a la europea aun en lo que ésta no tiene de aplicable, ¿cuál será el juicio que formará de nosotros un Michelet, un Guizot? Dirán: la América no ha sacudido aún sus cadenas; se arrastra sobre nuestras huellas con los ojos vendados; no respira en sus obras un pensamiento propio, nada original, nada característico; remeda las formas de nuestra filosofía y no se apropia su espíritu. Su civilización es una planta exótica que no ha chupado todavía sus jugos a la tierra que la sostiene[6].

O según Esteban Echeverría, en su polémica respuesta de dos años antes al escritor español Dionisio Alcalá Galiano (para quien la literatura hispanoamericana se hallaba "todavía en mantillas", como consecuencia de haber renegado de los antecedentes culturales, olvidando además la "nacionalidad de raza"):

> Si adoptando el consejo del Sr. Galiano, rehabilitásemos la tradición literaria española [...] malgastaríamos el trabajo estérilmente, echaríamos un nuevo germen de desacuerdo, destructor de la homogeneidad y armonía del progreso americano, para acabar por no entendernos en literatura, como no nos entenderemos en política; porque la cuestión literaria, que el Sr. Galiano aísla desconociendo a su escuela, está íntimamente ligada con la cuestión política, y nos parece absurdo, ser español en literatura y americano en política.
>
> [...] Los escritores americanos tampoco ignoran, como el Sr. Galiano, que están viviendo en una época de transición y preparación, y se contentan con

---

[5]"El signo distintivo de este proceso cultural [desde la Independencia hasta el presente] es su carácter continental, ya que supera los brotes exclusivamente nacionalistas de países individualizados. Su rasgo definidor es su mismo carácter *extranacionalista* en cuanto se resuelve en una fórmula de americanismo cultural con modalidades diversas según los países en donde opera. El nacionalismo literario cobra, por esta razón, en Hispanoamérica la forma de un *americanismo literario*". Gustavo Correa, "El nacionalismo cultural en la literatura hispanoamericana", en *Cuadernos Americanos*, México, año XVII, Vol. XCVIII, Núm. 2, marzo-abril 1958, p. 227.

[6]"Modo de estudiar la historia", *Opúsculos literarios y críticos*, II *Obras Completas*. Santiago de Chile, Impreso por Pedro G. Ramírez. Vol. VII, 1884, p. 125.

acopiar materiales para el porvenir. Presienten que la época de verdadera creación no está lejana; pero saben que ella no asomará sino cuando se difundan y arraiguen las nuevas creencias sociales que deben servir de fundamento a las nacionalidades americanas.

Las distintas naciones de América del Sur, cuya identidad de origen, de idioma y de estado social democrático encierra muchos gérmenes de unidad de progreso y de civilización, están desde el principio de su emancipación de la España ocupadas en ese penoso trabajo de difusión, de ensayo, de especulación preparatoria, precursor de la época de creación fecunda, original, multiforme, en nada parecida a la española, y no pocas fatigas y sangre les cuesta desasirse de las ligaduras en que las dejó la España para poder marchar desembarazadas por la senda del progreso[7].

Me excuso por la extensión de la cita, que sin embargo me permite omitir muchas otras —de Rafael María Baralt, Sarmiento, José Tomás de Cuéllar, Juan León Mera, Ignacio Manuel Altamirano, etc.—, igualmente reveladoras de la unidad de propósitos. Los ejemplos del caso en Chile se encuentran en la excelente antología de José Promis, *Testimonios y documentos de la literatura chilena (1842-1975)*[8], libro que no sólo tiene el mérito de compilar un variado material literario, sino también el de sugerir una lectura crítica de ese material, según el análisis de las categorías de concepto y función que estamos considerando.

He aludido a las variaciones que ocurren al interior del sistema de preferencias en el período. Insistiré en otra nota conocida: ese largo empeño de declaraciones de principios —en el que tales cambios se ordenan o articulan— fue casi siempre más rico como pasión civil que como práctica creadora. Pero si esa fue su limitación fue también su mérito, por la intensidad de un esfuerzo cumplido en las dimensiones de una urgencia: la del autoconocimiento. Las únicas producciones que no parecen programáticas en esta literatura, y donde se sorprende lo que podría llamarse "el placer del texto", son los libros de algunos memorialistas. No de todos, pues no pocas memorias son inequívocamente autodefensas o reivindicaciones; pero el caso contrario, el narrar desinteresado y tan eficaz que, como dice Borges de las memorias de Sarmiento, "no puede

---

[7]Cf. *Dogma socialista de la Asociación de Mayo, precedido de una ojeada retrospectiva sobre el movimiento intelectual en el Plata desde el año 37*. En *Obras Completas de D. Esteban Echeverría. Tomo cuarto. Escritos en prosa*. Buenos Aires, Carlos Casavalle-Editor, 1873 (*Escritores Argentinos*). Sobre esta polémica, véase también Rafael Alberto Arrieta, "Esteban Echeverría y el romanticismo en el Plata", en *Historia de la literatura argentina*. Dirigida por R.A.A., Buenos Aires, Ediciones Peuser. Tomo II, 1958, pp. 83-85.

[8]Santiago, Chile, Editorial Nascimento, 1977, 386 p.

explicar la mera razón", ocurre en los *Recuerdos del pasado*, de Vicente Pérez Rosales[9].

Del Romanticismo al naturalismo la literatura fue, primero, expresión de la sociedad; luego, como la definía Alberto Blest Gana, investigación artística de los hechos sociales; finalmente, observación objetiva y científica del medio, realizada en contacto con el documento humano (todo esto, en la línea de un pensamiento inaugurado por los hermanos Goncourt —prefacio a *Germinie Lacerteux*— y formalizado metódicamente por Zola en *La novela experimental*).

La función utilitaria de esta literatura es evidente: una invariante entendida como *deber*: "Seguid estos preceptos —resume Lastarria—, que son los del progreso y los únicos que pueden encaminaros a la meta de nuestras aspiraciones". "Las letras deben [...] llevar con escrupulosidad su tarea civilizadora y esmerarse por revestir de sus galas seductoras las verdades que puedan fructificar con provecho de la humanidad. Asumiendo esta elevada misión, nuestra literatura cumplirá con el deber que su naturaleza le impone y prestará verdaderos servicios a la causa del progreso", confirma años después Alberto Blest Gana. "El realismo es el resultado de esta serie de esfuerzos, que ampliando el camino de la historia, haciendo más precisa la labor de la sociología, marchando en vida común con la medicina, la psicología y la fisiología y demás ramas del saber, producen todas, un rumbo diverso y un horizonte más extenso para los conocimientos humanos", anota Pedro Balmaceda Toro en su estudio sobre "La novela social contemporánea", de 1887[10].

Espero haber esbozado —dentro de un marco muy ceñido a las categorías de concepto y función que me impuse— una idea de esas preferencias, cuyo imperio persistió en la literatura chilena e hispanoamericana hasta la década del cuarenta, e incluso la sobrepasó, como se puede comprobar en los textos narrativos, testimoniales y ensayísticos de los escritores mundonovistas.

Rómulo Gallegos, José Eustasio Rivera, Alcides Arguedas, Benito Lynch, Carlos Loveira, Mariano Latorre, y sus coetáneos, no sólo convalidan como ley estructural la oposición sarmientina de civilización y barbarie, sino que reactualizan —por supuesto que con el apoyo del cientificismo naturalista, en el cual también encuentra su sitio el determinismo telúrico— un método de explicación de la conducta en el examen de las condiciones del medio. Alcides Arguedas consideraba un error de los poetas y demás escritores "dejar a la Naturaleza intacta, virgen, y sólo fijarse y escudriñar el fondo de sus sentimientos". "La mejor obra literaria será [...] aquella que mejor ahonde el análisis del

---

[9]Y en nuestros años, en *Cuando era muchacho*, de José Santos González Vera, como me lo ha señalado Enrique Lihn.

[10]Véase Promis. Ob. cit., pp. 90-91: 116-117, y 163, respectivamente.

alma nacional"[11]. Y en un texto de 1955 de Mariano Latorre ("Algunas preguntas que no me han hecho sobre el criollismo") encuentro este fragmento, en el que además se proponen otras vinculaciones:

> Es curiosa la observación de Sarmiento, que demuestra estar perfectamente enterado de la obra de Bret Harte, y de su influencia en Norteamérica.
>
> Y recomienda a los jóvenes novelistas argentinos que hagan lo que hizo Bret Harte en el oeste, [...] porque ve en él la interpretación de la tierra, lo que Toynbee llama hoy día *el testigo de su época y de su medio*.
>
> En el fondo, el *Facundo* tiene su raíz en Bret Harte más que en ningún otro escritor de Argentina o de América.
>
> Es importante esta declaración de hacer literatura de América, sin relación con España y Francia[12].

Hasta aquí Latorre.

Un paréntesis sobre el modernismo:

El modernismo —instancia generacional tan definida e influyente en Hispanoamérica, como se sabe— no es del todo ajeno a las preferencias señaladas, y en particular en la prosa narrativa, subtendida casi sin excepciones por los determinismos naturalistas[13]; pero también es innegable que constituye un primer intento de ampliación y de ruptura en este ciclo. A las propuestas vigentes en la hora de su aparición, el modernismo agrega otras, sustentadas en el reconocimiento hecho por Darío —digamos, desde *Azul...*— de lo que Ángel Rama designa como "la conformación dual y equívoca de la realidad", y su sospecha de que la escritura realista no era más que el "vehículo de una racionalización" que comunicaba "expresamente el significado de una situación contradictoria", frente a las posibilidades de una escritura artística que comunicaría "la situación misma". Darío (y los modernistas) habrían advertido entonces que los textos realistas poetizaban ideas sobre el mundo, que nacían por lo tanto de "una clarificación intelectual" y abrían "el acceso a la conciencia moral del poeta". Por el contrario —como observa Rama—, los textos de una escritura liberada "construyen ese mundo en su misma contradicción, la mag-

---

[11]*Pueblo enfermo*, en *Obras Completas*, Madrid - México - B. Aires, Aguilar, 1959, tomo I, p. 596. Véase "Las contradicciones de Alcides Arguedas", *supra*, p. 54.

[12]Cf. Promis, Ob. cit., p. 246.

[13]Léase (y deseablemente sin los prejuicios consabidos cuando se trata de una ordenación generacional) el Cap. XI de la *Historia de la novela hispanoamericana*, de Cedomil Goić (Valparaíso, Chile, Ediciones Universitarias de Valparaíso, 1972, pp. 128-151: análisis de novelas de Manuel Díaz Rodríguez, Mariano Azuela y Enrique Larreta).

nifican y distorsionan hasta alcanzar una alto grado de teatralidad y logran que sus significados sólo se resuelvan en la conciencia del lector"[14].

Estas ideas son excepcionalmente fecundas y precisas: reorientan la mirada sobre un momento no poco enrarecido por la crítica, y permiten entenderlo como la instauración de otro modelo, que empieza por proponer un nuevo orden de relaciones en la escritura. Por eso, la vanguardia que emerge en la década del veinte no desdeña del todo el proyecto modernista, que no puede dejar de sentir como una antecedencia productiva, y muchos de estos escritores (Huidobro, Vallejo, Neruda) aparecen en un primer instante ligados a la obra dariana y a la del modernismo en general. Y es un vínculo de manifiesta simpatía: Neruda lo admitió varias veces, por ejemplo en el discurso al alimón con García Lorca, en Buenos Aires, y al preparar después un homenaje a Julio Herrera y Reissig en un número (que por desgracia no llegó a circular) de su *Caballo Verde para la Poesía*; Huidobro publicó en su juventud cierta revista llamada *Azul*; Borges escribió la palinodia de sus negaciones de Darío en 1967, en un texto en el que termina confiriéndole la jerarquía de un libertador; para no decir más de sus adhesiones a Lugones[15]. En cambio, en ese crucero de los años veinte, en el que coexisten las prevalencias modernistas, la irrupción de la vanguardia y, entre ambos, el dominio del mundonovismo, es en este último grupo donde se insiste en el regreso a "las grandes sugestiones de la tierra, de la raza, del ambiente" (Francisco Contreras[16]), y se juzga la voluntad expansiva del modernismo como un desvío censurable. Es una censura explícita en otros lugares de la obra de Alcides Arguedas[17], y reconocible también como tal en la exposición de Ernesto Montenegro en la serie de charlas sobre el criollismo, realizadas en la Universidad de Chile en 1954 (palabras ilustrativas y algo sorprendentes, pues la práctica del autor sobrepasó a menudo las limitaciones que parecía atribuirse):

> Por mi parte —dijo Montenegro en esa ocasión— concibo la literatura criolla como brote natural del suelo en que se ha nacido, y también como punto de arranque de un arte nacional, aunque no necesariamente nacionalista. Nada más razonable a primera vista que suponer que el primer afán de un escritor sea el de dar buena cuenta de lo que vio y sintió en la época formativa de su vida. El

---

[14]Ángel Rama, "Prólogo" a Rubén Darío, *Poesía*, Caracas - Venezuela, Biblioteca Ayacucho, 1977, p. xxi.

[15]El "Discurso al alimón" puede leerse ahora en las memorias de P. Neruda. *Confieso que he vivido*, Buenos Aires, Editorial Losada, S.A., 1974 (*Cristal del Tiempo*), pp. 154-157. El texto de Borges —"Mensaje en honor de Rubén Darío"— en *Estudios sobre Rubén Darío*. Compilación y prólogo de Ernesto Mejía Sánchez, México, Fondo de Cultura Económica/Comunidad Latinoamericana de Escritores, 1968, p. 13.

[16]En el "Proemio" a su novela *El pueblo maravilloso* (1927). Cf. Promis. Ob. cit., p. 236.

[17]Por ejemplo, en *La danza de las sombras. Obras Completas*, tomo I, pp. 631 y 681.

novelista que no sea un genio no puede aventurarse sin riesgo fuera del campo de su experiencia inmediata ni poner sus miras más allá de lo que den sus fuerzas. Como a los demás hijos de su tierra, le liga el deber de conservar y acrecentar la herencia paterna [...]. No sería, pues, digno y propio que, en el vano intento de aparecer más refinados y profundos de lo que realmente somos, fuésemos a pretender formular malamente algo nuevo sobre el amor o acerca del arcano de nuestro destino, después que los grandes pensadores y los grandes analistas del alma humana, los Pascal y los Stendhal, dijeron ya inmejorablemente bien cuanto había que decir de todo eso y mucho más[18].

Ya se ve cómo a la inmersión en la subjetividad de los modernistas, a su proclividad inmanentista (recuérdese el poema "La página blanca", de Darío); a su rechazo del contorno y del tiempo presentes ("¡Qué queréis!, yo detesto la vida y el tiempo en que me tocó nacer" —"Palabras liminares" a *Prosas profanas*), los mundonovistas oponen la transitividad de la literatura, invocan el repliegue a un espacio (exterior) acotado. Por encima de aquello que es algo más que un interregno, atraen las tesis romántico-realistas, aunque actualizándolas, como dijimos, y no sin ser tocados por la eficacia plástica y selectiva de la palabra modernista.

Los años veinte se nos aparecen entonces como la encrucijada en la que se encuentran y disputan los últimos buscadores de una tradición propia y los primeros agentes de un nuevo sistema, que clausurará el ciclo decimonónico y empezará a configurarse como otra etapa: la de los "fundadores de esa tradición". Al emplear esta fórmula, vuelvo a cierta bibliografía (para mí muy válida y de la que me atrevo a decir que no pasará a sinonimia), de donde he desprendido las nociones aplicadas aquí a la revisión del proceso chileno, insertándolo en el hispanoamericano. Repetiré que ensayo la periodificación presente a partir de las sugestiones que me ha procurado la ya citada *Antología de la poesía peruana*, de Alberto Escobar. También el libro de Saúl Yurkievich: *Fundadores de la nueva poesía latinoamericana* (1971, 1973). Si extiendo el esquema a planos que esos autores no han tocado, es porque lo considero un modelo operatorio, sobre todo desde un punto de vista descriptivo. Aunque también desde otro, porque constatar las fases de todo el proceso es lo que permite ver de qué manera los dos vastos períodos anteriores "cobran sentido y se resuelven" en un acto de Fundación, ese acto que Alberto Escobar señala en las obras de José María Eguren y César Vallejo como acceso "al diálogo del hombre en el quehacer poético y la revelación de la poesía en la cultura y la historia contemporánea".

Ese acto empieza por un rechazo del fundamento ideológico positivista que

---

[18]En Ricardo Latcham, Ernesto Montenegro, Manuel Vega. *El criollismo*, Santiago de Chile, Editorial Universitaria, S.A., 1956. (*Colección Saber*, N° 7), pp. 63-64.

presidió la creación literaria hasta el naturalismo. No es algo original tampoco: se trata de una actitud generalizada; pero lo que importa son sus consecuencias en el terreno de la producción literaria. Ellas ponen a prueba a la vez que favorecen una potencialidad subyacente en el espacio cultural hispanoamericano que fue intuida, aunque no suficientemente profundizada, en el momento modernista.

La convicción de que la tarea de la literatura no era "copiar la vida, sino ofrecer interpretaciones libres y poéticas", la tendencia a "descubrir la verdad que se oculta tras un disfraz", "la búsqueda de lo maravilloso en tanto que realidad", la definición del artista como "el que nos secunda en el conocimiento y la expresión de esa parte de nuestra vida que, a primera vista, parece incomunicable" —acuñada por Georges Duhamel—, y otras notaciones semejantes con las que se ha intentado caracterizar el período contemporáneo, encuentran su justificación en el horizonte de una crisis histórica, desde la Primera Guerra Mundial; pero también en el cuadro de la ciencia moderna, cuyas teorías e hipótesis, como observa Helmut Hatzfeld, "están prontas a abandonar la lógica y la causalidad, si es preciso, por posibilidades suprarracionales y superrealistas"[19].

La literatura deja entonces de ser objeto de programas y empieza a serlo de reflexión poética, en una medida inédita aquí. Las categorías de concepto y función pierden su énfasis preceptivo, porque el escritor tiende a cancelar el ademán paradigmático para asumir la perplejidad y la extrañeza. Las declaraciones que puntúan este nuevo ciclo muestran a un escritor que al reivindicar la liberación de lo imaginario toma partido por una literatura que se piense a sí misma como literatura[20]. Esa intransitividad supone una transformación de las percepciones de la realidad y, en lo artístico, un desplazamiento del interés, ahora no sólo sometido a la presencia del objeto. Y esto no significa que el que escribe se margine de la sociedad y niegue la historia, acusación que mucho se oyó en ese tiempo y que sigue oyéndose; es, por el contrario, una toma de conciencia de que las relaciones en la escritura que dice los conflictos del hombre con el mundo, son de distinta naturaleza que las que se producen realmente en la vida, y pertenecen a instancias ontológicas diversas. Por eso, las llamadas *Artes poéticas* no preceden ahora al acto de escribir sino que lo constituyen en "La página blanca", como en el anticipador poema de Darío.

[19]Esta cita y las anteriores, en el sugerente libro de H.A. Hatzfeld, *Superrealismo*. Observaciones sobre pensamiento y lenguaje del superrealismo en Francia. Traducido por Carlos V. Frías, Buenos Aires, Argos, 1951. (*Biblioteca Argos*), pp. 7 y ss.

[20]Una muestra, entre muchas: el temprano manifiesto *Non serviam*, de Huidobro. Más acá, el prólogo de Salvador Reyes a los cuentos de Luis Enrique Délano, en 1928. Cf. Promis, Ob. cit., pp. 267-269 y 287 y ss.

La perplejidad y la extrañeza; también la insatisfacción como agente del cambio. En 1933 Manuel Rojas anotaba estas dudas en ciertas "Reflexiones sobre la literatura chilena":

> No hay [...], en nuestras obras, un esfuerzo del pensamiento por crear algo que represente, de manera objetiva, lo subjetivo del creador; no hay el deseo o el ímpetu de volcar en la obra literaria lo que en nosotros no es solamente y exteriormente literario, es decir, lo que no sólo se refiere a la simple forma escrita: el deseo de permanencia a través del tiempo, la voluntad de dar a la obra literaria nuestra plasticidad interna, si es que alguna tenemos.
>
> [...] nos falta personalidad en la literatura, personalidad de pensamiento, personalidad de espíritu y casi personalidad de expresión. Creemos hacer obra literaria describiendo lo que vemos, transcribiendo lo que nos cuentan o reproduciendo lo que hemos vivido [...] y lo hacemos de modo superficial, sin mezclarnos en ello, suponiendo que bastará eso y que nuestro paisaje, nuestros campesinos, nuestros montañeses, por ser nuestros, llamarán la atención hacia nuestra literatura. Pero, ¿será eso literatura? Mucho me temo que no. Creo que será más bien literatura para turistas. No es el paisaje ni los habitantes de un paisaje los que hacen una literatura. Hay algo más, algo más[21].

Ese algo más, qué duda cabe, está en su novela mayor *Hijo de ladrón*. Es lo que ha hecho también que la poesía chilena, desde Gabriela Mistral a Enrique Lihn y a los poetas más jóvenes (Óscar Hahn, Manuel Silva, Raúl Zurita), y la narrativa de Rojas, Juan Emar, María Luisa Bombal, José Donoso, Claudio Giaconi, Jorge Guzmán, Enrique Lihn, Jorge Edwards, instauren un nuevo patrón literario, gestado en una búsqueda que implicaba la lectura crítica del pasado, el enfrentamiento polémico y el ajuste de las relaciones con las diversas vertientes culturales que se fueron asumiendo más productivamente en lo que debía ser el espacio de una diferencia, en el que la Mistral celebraría las acuidades no sólo del ojo recogedor, sino las del otro, "que está más adentro y que es el 'transformador'", como ella decía[22]. Un espacio, en suma, en el que podamos reconocernos y ser reconocidos.

Algo deliberadamente he prodigado citas y menciones parciales en estas páginas, que de la misma manera no he querido sacar de un marco literario más bien general, porque las entiendo sólo como una introducción a las intervenciones que escucharemos en seguida y al diálogo que habrá de continuarlas.

---

[21]Cf. Promis, Ob. cit., pp. 323-324.

[22]"Joaquín Edwards Bello", en G. Mistral, *Recados: Contando a Chile*. Selección, prólogo y notas de Alfonso M. Escudero, O.S.A. Santiago de Chile, Editorial del Pacífico, S.A., 1957. (*Obras Selectas*, de G.M., Volumen IV), p. 135.

12. Poesía hispanoamericana actual*

Q UIERO AMPARAR estas notas bajo las advertencias que hace el poeta
René Ménard al comienzo de su "Ensayo sobre la experiencia poética".
Como él, trataré de evitar la impresión de "avanzar con seguridad y pretender
una descripción clara y universalmente aceptable de la experiencia poética"
procurada, en mi caso, por la lectura de textos hispanoamericanos actuales.
También evitaré, ante la dificultad de afirmar, "el auxilio de referencias, por
otra parte muy raras, y exponerme con ello a interpretaciones aleatorias [o]
arbitrarias". En la circunstancia presente, eso significa que tengo en cuenta el
peligro de las generalizaciones indebidas, pues aquí se trata sólo de aproximaciones a ciertos rasgos que, por su extensión, contribuyen a dibujar el perfil de
un momento literario. Considérese, sin embargo, que las notas que diseñan
ese perfil no bastan para definir por sí solas ninguna obra en particular.
Caracterizar el trabajo de un poeta es tarea que debe realizarse a partir de otros
supuestos metodológicos, y esto es igualmente claro para quien suscribe,
como yo lo hago, un tercer reconocimiento avanzado por René Ménard: el de
los poemas como "textos que no obedecen más que a la libre efusión de otro
hombre, quien por lo general sólo ha querido rendirse cuentas a sí mismo de un
estado de existencia que ha sido el único en experimentar, y sobre el que no
proyecta ninguna claridad inmediata, sino mediante el empleo de palabras de
una lengua conocida, no siempre ligadas entre sí por asociaciones que surjan
del fondo común del entendimiento"[1].

Esta presentación insinúa, entonces, el diseño de un momento determinado
de la historia literaria a partir del reconocimiento de algunas *manifestaciones
tendenciales* que, por la novedad de su ocurrencia respecto del pasado inmedia-

---

*Introducción a la muestra "Catorce poetas hispanoamericanos de hoy", dispuesta por P.L. y
Luis Eyzaguirre para una edición especial de la revista *Inti* (N°s 18-19, 1983/1984). Los poetas
incluidos en la muestra son Joaquín Pasos, Gonzalo Rojas, Eliseo Diego, Jaime Sáenz, Álvaro Mutis,
Ernesto Cardenal, Carlos Germán Belli, Enrique Lihn, Juan Gelman, Eugenio Montejo, Óscar
Hahn, Alejandra Pizarnik, José Emilio Pacheco y Antonio Cisneros.

[1] René Ménard, *La experiencia poética*. Versión y nota preliminar: Raúl Gustavo Aguirre. Caracas /
Venezuela, Monte Ávila Editores, C.A., 1970, pp. 13 y 16.

129

to, o por sus intensificaciones y variaciones, revelan un sistema de preferencias peculiar y diverso.

Adelanto que las notas que he aislado coexisten a menudo en un mismo texto, o aparecen también variadamente en más de un lugar en el corpus de un autor; que en otros casos uno solo de estos rasgos asume relevancia especial, relegando a los otros aunque sin borrarlos del todo; por último, que podrían indicarse ejemplos en los cuales algunas de esas notas no tienen cabida en el sistema expresivo de ciertos poetas. Creo que esa movilidad existente en el espacio poético hispanoamericano —buena prueba de sus posibilidades y logros— no invalida la pertinencia de un esfuerzo descriptivo como es éste, inscrito de manera deliberada en un ámbito que privilegia la consideración de componentes formales y temeroso de las divagaciones temáticas.

¿Cómo caracterizar los cambios operados, y profundizados en algunas oportunidades, en la poesía de los últimos treinta y cinco años en Hispanoamérica? Esta preguna no ha tenido hasta hoy sino respuestas parciales, situación que contrasta de manera notoria con las muchas que ha merecido y merecen la novela, el cuento y el ensayo, en cuyos respectivos espacios se incluye el diálogo crítico como una instancia inseparable de la producción originaria. Me parece que es hora de extender esa saludable práctica a esta otra zona algo penumbrosa que es la poesía hispanoamericana actual, como ha ocurrido en torno a los grandes movimientos que la preceden y que orientaron y dieron sentido al proceso de la modernidad: el Modernismo y las llamadas —con tan ingrata resonancia bélica— literaturas de vanguardia han sido objeto de exámenes, cuestionamientos y definiciones. Ejemplos: los estudios de Saúl Yurkievich incluidos en su libro *Fundadores de la nueva poesía latinoamericana*[2], o los volúmenes antológicos de José Olivio Jiménez[3] y de Homero Aridjis[4]. Útiles, a menudo precisos y, en general, convincentes, proporcionan una imagen de la poesía hispanoamericana de un vasto período y se detienen en un punto en el cual los tres autores coinciden: las obras de Octavio Paz y de Nicanor Parra, ambos nacidos en 1914.

Se trata, como se ve, de un consenso; y fue a partir de ese consenso que yo inicié mis indagaciones sobre el estado actual de la cuestión, considerando a algunos autores situados más acá del límite que se impusieron Yurkievich, Jiménez, Aridjis y otros. Tal fue el origen de una "Muestra de la poesía hispanoamericana actual", publicada en los números 11/12 de la revista *Hispa-*

---

[2] Barcelona, Barral Editores, 1971. Hay ediciones posteriores, aumentadas.

[3] *Antología de la poesía hispanoamericana contemporánea: 1914-1970.* Madrid, Alianza Editorial, 1971.

[4] *Seis poetas latinoamericanos de hoy.* New York / Chicago / San Francisco / Atlanta, Harcourt Brace Jovanovich, Inc., 1972.

mérica (1975). Incluí en esa muestra algunas notas y numerosos textos de diez poetas, desde Gonzalo Rojas (Chile, 1917) hasta José Emilio Pacheco (México, 1939). La novedad del conjunto era, por cierto, relativa: poetas como Gonzalo Rojas, Ernesto Cardenal, Enrique Lihn, Carlos Germán Belli y J.E. Pacheco eran ya bien conocidos en Hispanoamérica y tenían una difusión y una audiencia considerables en Europa y en los Estados Unidos[5]. Creo que hace una década no sucedía lo mismo con los demás, y tal vez la muestra de *Hispamérica* cumplió su objetivo, al insistir en una llamada de atención sobre poetas como Eliseo Diego, Álvaro Mutis, Juan Gelman y Óscar Hahn, por ejemplo.

A diez años de ese intento, o de esa insistencia como prefiero llamarla, es obvio que la situación ha cambiado. Diversas circunstancias han concurrido para favorecer la apertura de un espacio de recepción de la nueva poesía hispanoamericana, como lo prueba la existencia de una bibliografía crítica creciente que incluso se ha concretado en esas formas superiores de la investigación, que son las disertaciones doctorales. Ya las hay, y no son escasas, sobre Gonzalo Rojas, Carlos Germán Belli, E. Cardenal, J.E. Pacheco, E. Lihn, O. Hahn, y también sobre un poeta más joven, que el marco de mi muestra de 1975 me obligó a marginar: Antonio Cisneros (Perú, 1942).

En el trabajo de *Hispamérica* esbocé una rápida caracterización de los poetas seleccionados, fundada en el diseño de lo que podría denominarse como *nivel de la composición*. Pienso ahora que es insuficiente, y hasta propensa a las confusiones. Habría que probar —yo lo insinué pero no lo hice— que el modo de configurar un "espacio conflictivo" contribuye a definir una actitud generacional, revelada, por ejemplo, en la poesía de Gonzalo Rojas y en la de sus coetáneos, al paso que en las promociones siguientes se configuraría más bien un "espacio totalizador" (desde Eliseo Diego, digamos, hasta Hahn y Pacheco).

Aunque esa distinción no sea un desacierto, me doy cuenta de que sólo es aproximativa: una hipótesis de trabajo —variaciones de composición en distintos estadios de una tendencia literaria— que tal vez valga la pena someter al análisis.

Me parece que se puede establecer un terreno más firme para la lectura de esta poesía al formular algunas proposiciones verificables en esta nueva muestra, que hemos dispuesto con Luis Eyzaguirre.

1. Muy frecuente y difundida en la poesía actual es la aparición del personaje, de la máscara o del doble en el espacio poético. Se trata de un proceso que

[5]En la "Muestra…" de *Hispamérica* incluí también a Roberto Fernández Retamar, pero su práctica poética se me presenta ahora muy desdibujada; menos provocativa, en todo caso, que algunas de sus lecturas críticas.

se puede describir como "traspasos de la palabra", desdoblamientos que delatan un intento paradojal de despersonalización del hablante, y que Enrique Lihn ha visto como una suerte de culminación de la instancia desromantizadora iniciada por Baudelaire; Lihn ha designado ese proceso, en varias oportunidades, como "transformación del sujeto poético"[6].

Remito a algunos ejemplos de esta práctica en la presente muestra: "Pregón de los hospitales", de la *Summa de Maqroll el Gaviero*, de Álvaro Mutis; "La vejez de Narciso", de Enrique Lihn; "Somoza desveliza la estatua de Somoza en el estadio Somoza", de Ernesto Cardenal; los textos de C.G. Belli que se configuran como recuentos de las humillaciones padecidas por un "amanuense del Perú", contrastadas con la manera como son dichas las carencias y fallas de esa anti Arcadia por unos hablantes emplazados presuntamente en otro tiempo: el de la literatura pastoril, una edad de oro que resulta ser la edad del oropel; "Adolfo Hitler medita en el problema judío", de Óscar Hahn, "José Luis Cuevas hace un autorretrato", de José Emilio Pacheco; "Apéndice del poema sobre Jonás y los desalienados", de Antonio Cisneros; etc.

Lo que me lleva a acercar poemas tan distintos por su fraseo verbal, por la configuración de sus temas y por sus proyecciones significativas, es un hecho que reconoce algunas antecedencias (que los poetas actuales no niegan sino que se apresuran a admitir, como se verá más adelante), pero que como práctica específica tiene ahora consecuencias notables. Me parece que ella está en la base de una distinta concepción del lenguaje: La transformación del sujeto es inseparable de una transformación de su palabra. Los ejemplos señalados constituyen pruebas palmarias de tales posibilidades, pero esas posibilidades se manifiestan de las maneras más variadas en casi todo el espectro expresivo de este momento.

En efecto, el lugar desde donde habla este nuevo sujeto no es ya más el lugar que ocupaba el hablante inspirado de la poesía tradicional, quien se reconocía a sí mismo, de un modo u otro, poseedor de un privilegio. De ahí la costumbre de considerar el lenguaje poético como un lenguaje *otro*, y la atribución, frecuente en la crítica, de un carácter especializado a la expresión de la poesía en verso. Difícilmente habría podido concebirse, por ejemplo en el período modernista, la asunción de la norma coloquial, aunque de esta posibilidad no dejó de percatarse Darío, con su habitual perspicacia (recuérdese la "Epístola. A la señora de Leopoldo Lugones", o su "Pequeño poema de carnaval", dedicado

---

[6]Cf. mis *Conversaciones con Enrique Lihn*. Xalapa, Veracruz, México, Centro de Investigaciones Lingüístico-Literarias, Universidad Veracruzana, 1980, pp. 25, 44, 45, 117 y ss. También la "Mesa redonda" sobre Nicanor Parra que se publicó en el número 1 de la revista *Cormorán*, Santiago de Chile, 1969.

también a la señora Lugones), ni tampoco José Asunción Silva en sus "Gotas amargas": por esta razón Silva ha sido visto como una especie de precursor de la antipoesía y de la llamada poesía conversacional. Pienso que esa relación se ha establecido más bien sobre aspectos externos, fragmentarios, y sin tomar en cuenta la totalidad de la propuesta y menos aún su fundamento. Incluso en el caso de otras cercanías muy sugestivas, con poetas mundonovistas como Luis Carlos López, Ramón López Velarde o Carlos Pezoa Véliz, están por precisarse el alcance y los límites de una modificación del paradigma poético especializado, que importaría una ruptura del estatuto del discurso. Yo creo que esos discursos no vulneran esencialmente su propia norma, sin embargo, porque el sujeto cuenta todavía con la seguridad de la palabra y con la entereza de quien la emite en el poema. En los poemas de esos autores se constituye un hablante en plena posesión de su facultad expresiva, por así decirlo, que puede impugnar *una costumbre* del discurso, pero que se reconoce a sí mismo como poseedor de un poder para impugnarla. Otra es la condición del sujeto poético en los textos actuales: un sujeto precario, situado en un lugar común y, por eso, atravesado por los más diversos lenguajes. Óscar Hahn puede escribir entonces:

> *La muerte no tiene dientes: se ríe con la encía pelada.*
> *Y cuando muere un rico, la muerte tiene un diente de oro.*
> *Y cuando muere un pobre, no tiene ningún diente*
> *o le crece un diente picado. ¿Cachái, ganso?*
> *[........]*
> *Yo tuteo a la muerte.*
> *"Hola, Flaca, le digo, ¿cómo estái?"*
> *Porque todavía soy un diente de leche.*

> (*La muerte tiene un diente de oro*)

O Joaquín Pasos, años antes:

> *Un poema que sale a pie, y como está inédito, yo le digo:*
>   *Hasta que te vea te creo,*
> *pretendo primero sacudirme de encima estas alas de ángel que*
>   *me agobian,*
> *a ver si botando toda esa pluma quedo con la ternura virginal*
>   *del pollo*
> *o siquiera con algo de ese equilibrio inestable de lo que da risa,*

> (*Poema a pie*)

Insisto, pues, en esta hipótesis: En el momento en que se generaliza la conciencia de una transformación del sujeto poético, cambian también las valencias de su lenguaje. ¿No será éste el fundamento de la expansión del lenguaje poético hacia esas zonas reconocidas como lengua coloquial o conversacional? Se trata, sí, de una expansión y de una conquista, pero que no hace del poema otra cosa. Se me ocurre intercalar aquí una cita de Auden, que en sus *Reflexiones sobre la formación del poeta* escribió:

> Un poema es un rito; de allí su carácter formal y ritual. Su uso del lenguaje es deliberada y ostentosamente diferente del de la conversación. Aun cuando emplea la dicción y los ritmos de la conversación, los emplea como una informalidad deliberada, presuponiendo la norma con la cual se tiene la intención de que contrasten[7].

2. Veo, pues, al centro de una constelación de rasgos de la nueva poesía, la transformación del sujeto poético, que he recalcado en estas páginas. Me referiré ahora a lo que entiendo como otra consecuencia, relacionada con el plano de la disposición del discurso: la que se manifiesta bajo la especie de las interpenetraciones genéricas y particularmente como *recurso a la narratividad*.

También aquí se han producido algunos espejismos críticos, me parece al sugerir relaciones anticipatorias, y esto porque ese recurso no fue ajeno a los poetas del modernismo y del mundonovismo. Silva, Luis Carlos López, Pezoa Véliz estarían entonces en la situación de precursores. No puedo ni quiero negar que esas antecedencias sean productivas. Sin duda lo son, y resultaría muy útil precisar —también en este caso— sus alcances y sus límites; porque es evidente que para esos poetas las fronteras de los estilos genéricos (poema y narrativa) eran claras. Para Martí, Darío, Silva, Lugones, como para López Velarde o Pezoa Véliz, el peso de la sustancia épica no desaparecía, y ni siquiera se diluía en el acto de traspasar las líneas que los demarcaban. Sus textos podían llamarse todavía *poemas narrativos* en un sentido neto, así como la prosa en que se debilitaba deliberadamente esa sustancia era sin más *prosa poética*. Ha sido necesaria una honda transformación en las concepciones literarias para que esos traspasos cambiaran de signo y la interpenetración genérica asumiera esa dimensión que los poetas ingleses del imaginismo señalaron más de una vez, con una clara conciencia de las distinciones: el dato narrativo en el poema no importa ni significa en el orden de lo representativo, pues un poeta no pretende contar una historia, sino provocar una intensificación. El dato narrati-

---

[7]W.H. Auden, "Reflexiones sobre la formación del poeta". Traducción de Isabel Fraire, *Diálogos*. El Colegio de México, Vol. 7, Número 2 [38], marzo-abril 1971, p. 22.

vo está al servicio de su poema como desvío y multiplicación de sentidos, en algunos casos; como recurso de naturalización del artificio, en otros; como disparador de un efecto de realidad, o con todos esos propósitos juntos. La conciencia de esas virtualidades, ligada a las notas que he esbozado, se empieza a manifestar en la década del cincuenta. En estos aspectos, la importancia de la obra de Nicanor Parra es decisiva. Una de las dimensiones salientes de la antipoesía fue ese apuntar hacia sucesos, que recurre en la poesía actual como "una nueva toma de contacto con la realidad", como se proponían Ezra Pound, Eliot y Hulme; y no sólo ya la confidencia sentimental, tan eficaz sin embargo en algunos poetas de intenso registro lírico (posibilidad abierta en este contexto, uno de cuyos méritos es su amplitud).

Léanse en esta muestra algunos de los poemas que ilustran la interpenetración genérica a que me he referido: "Anclao en París", de Juan Gelman; "Monólogo del viejo con la muerte", de Enrique Lihn; "Niña en jardín", de Alejandra Pizarnik; "Pantomima", de Eliseo Diego; "Ha llegado el domingo", de Carlos Germán Belli; "204", de Álvaro Mutis; etcétera.

3. Un tercer aspecto de esa constelación de características de la poesía actual, en el orden de las relaciones y de las intensificaciones a que he aludido, es el recurso a la intertextualidad. Tal recurso es ahora un procedimiento singularizador, por la frecuencia y la variedad con que se manifiesta: Los textos como *productividad*, al decir de Julia Kristeva, como un espacio en el cual se dan cita, se desplazan, se acentúan, se condensan, se profundizan o aligeran otras textualidades. Estas textualidades de base suelen provenir, como se sabe, de lugares muy distintos, y bastará atraer unos pocos ejemplos para ilustrar este rasgo: En Ernesto Cardenal pueden ser los salmos, las crónicas de la conquista (*El Estrecho dudoso*, 1966), la información periodística, la circunstancia histórica inmediata; en la escritura de C.G. Belli la confluencia de barroco y modernidad, definida brillantemente por Enrique Lihn a partir del principio de *imitación diferencial* propuesto por Claude-Gilbert Dubois en su estudio sobre *El manierismo*[8]; en Álvaro Mutis la recuperación y reinstalación poéticas del pasado en el presente de su texto, o la historia de otro personaje imaginado por ese anticipador que fue León de Greiff (1895-1976): Matías Aldecoa aparece en un temprano poema de 1920 y luego vuelve a ser puesto en escena en el libro *Variaciones alrededor de nada* (1936); en Enrique Lihn ciertos momentos de la pintura (Monet, Edward Hopper), y en su último libro la poesía de Fernando de Herrera; en Eugenio Montejo el retorno de Orfeo, los mares de Turner, los rostros de Rembrandt; en Óscar Hahn la recurrencia a la escritura bíblica, a las

---

[8]*Le manierisme*. Paris, Presses Universitaires de France, 1979. Hay traducción española: Barcelona, Ediciones Península, 1980.

danzas medievales de la muerte, las lecturas de Heráclito, del siglo de Oro, el paso fugaz de una imagen de Rimbaud; en J.E. Pacheco las lecturas de la historia mexicana. Remito también a tres textos sobre la circunstancia central de la época que fue Hiroshima: de un modo u otro, las menciones bíblicas subtienden en ellos una visión apocalíptica (Joaquín Pasos, Eugenio Montejo, Óscar Hahn).

El recurso a la intertextualidad es, de hecho, consustancial a la literatura; pero en algunos períodos —y hasta en los primeros años renovadores de la vanguardia— predominó una tendencia al ocultamiento de las relaciones, bajo la especie de un prurito de originalidad (la historia literaria reciente abunda en debates constituidos por acusaciones y desmentidos de ese tipo). Sin duda, se advierte ahora una nueva actitud, manifestada en la convicción de que la intertextualidad permite ver el texto global como "el lugar donde se estructuran [y se ponen a prueba] sus diferencias", según concluye Philippe Sollers[9]. Eliot lo señaló en el ensayo "Tradition and Individual Talent", incluido en 1920 en su libro *The Sacred Wood*, y con expresión inmejorable:

> ... the historical sense involves a perception, not only of the pastness of the past, but of its presence; the historical sense compels a man to write not merely with his own generation in his bones, but with a feeling that the whole of the literature of Europe from Homer and within it the whole of the literature of his own country has a simultaneous existence and composes a simultaneous order. This historical sense [...] is what makes a writer traditional. And it is at the same time what makes a writer most acutely conscious of his place in time, of his contemporaneity.

4. Resumo algunas observaciones sobre otro rasgo que caracteriza a la poesía hispanoamericana actual. Se refiere a la relevancia que tiene en ella la reflexión sobre la literatura dentro de la literatura, un hacerse presente la conciencia del lenguaje en el texto que lo conforma, y esto en un grado poco frecuente con anterioridad. Las llamadas "Artes poéticas" vienen de antiguo, por supuesto, y han sido difundidas y compartidas con mayor o menor éxito por los contemporáneos y seguidores. Pero esas "Artes poéticas", como dice bien René Ménard, eran "reglas, maneras de hacer, casi giros de la escritura. El emplearlos particularizaba el lenguaje, guiaba su audición y, por eso mismo, sorprendía al entendimiento natural, despertaba la sensibilidad a una dimensión misteriosa del espíritu. Durante mucho tiempo —agrega— poesía y poetas se contentaron

---

[9]"Escritura y revolución. Jacques Henric pregunta a Philippe Sollers", en Redacción de *Tel Quel. Teoría de conjunto*, 1971, p. 91.

con esa disciplina por entero formal del lenguaje. [...] Pero [es] tema de reflexión el comprobar que hoy se plantea más que nunca la cuestión de la naturaleza de la Poesía, de la naturaleza de la experiencia poética. Al mismo tiempo, se han derrumbado reglas, géneros y hasta la intención explícita de comunicación"[10].

En efecto, sorprende ahora la eficacia con que esa inclinación —también consustancial al acto de escribir— ha devenido aquí y ahora procedimiento generador, válido en sí mismo: de la literatura a la metaliteratura. Los ejemplos (que no sólo se justifican por tal razón) abundan en esta muestra.

Por eso, las llamadas "Artes poéticas" —cancelado su ademán prescriptivo— no preceden ni preexisten al acto de la escritura, sino que lo constituyen en el instante mismo de su realización. Ese sujeto a la intemperie, un personaje más de la tierra baldía (metáfora en este caso de la página en blanco, y algo más desde luego) no dice *qué* ni *cómo* escribir. Es una conciencia vuelta hacia sí misma observándose en el acto de escribir: cuestionamiento de la poesía y del lenguaje, ejercicio de la duda, expresión del *deseo de la palabra*, como en el revelador título de Alejandra Pizarnik. Textos que me parecen el corolario de la situación descrita como hecho central de este nuevo proceso: la transformación del sujeto, que ahora encarna la vivencia de lo que tal vez previó Huidobro al hablar de "una poesía escéptica de sí misma".

[10]René Ménard, Ob. cit., p. 16.

Procedencia de los textos

Casi todos los trabajos reunidos en este volumen han aparecido en revistas chilenas e hispanoamericanas; algunos de ellos han sido incluidos también en recopilaciones críticas (sobre Gabriel García Márquez, Mario Vargas Llosa, Alejo Carpentier, Carlos Fuentes), y suelen figurar en las bibliografías respectivas. Me limito, por lo tanto, a señalar aquí los primeros lugares de publicación, siguiendo el índice del libro e indicando entre paréntesis el título original, cuando difiere del presente:

1. "Espacios de Alvar Núñez: Las transformaciones de una escritura". *Cuadernos Americanos*. México, D.F., Vol. CCLIV, año XLIII, N° 3, mayo-junio de 1984, pp. 150-164.

2. "Los *Memorabiles*, de Juan Rodríguez Freyle" ("Sobre Juan Rodríguez Freyle. Notas de lectura"). Ponencia leída en el *Symposium* "Sor Juana Inés de la Cruz y la cultura virreinal" realizado en la Universidad del Estado de Nueva York, en Stony Brook, el 7 de mayo de 1982. Revista *Eco*. Bogotá, Colombia, tomo XLI/6, N° 252, octubre 1982, pp. 624-637.

3. "Relectura de *Los raros*". *Revista Chilena de Literatura*, Universidad de Chile, Departamento de Literatura, N° 13, abril, 1979, pp. 105-116.

4. "Las contradicciones de Alcides Arguedas" ("Sobre Alcides Arguedas"). *Revista de Crítica Literaria Latinoamericana*. Lima, Perú, año VI, N° 12, 2° semestre, 1980, pp. 213-223. También en *Revista Chilena de Literatura*, Universidad de Chile, Departamento de Literatura, N°s 16-17. Homenaje al profesor señor Antonio Doddis. Octubre, 1980 - Abril, 1981, pp. 301-313.

5. "Rescate de Juan Emar". *Revista de Crítica Literaria Latinoamericana*. Lima, Perú, año III, N° 5, 1er semestre, 1977, pp. 67-73.

6. "Itinerarios de *¡Écue-Yamba-Ó!*" ("Aproximaciones a *¡Écue-Yamba-Ó!*"). *Revista Chilena de Literatura*, Universidad de Chile, Departamento de Español, N° 4, otoño, 1971, pp. 79-89.

7. "La tragedia como fundamento estructural de *La hojarasca*". *Anales de la Universidad de Chile*, año CXXIV, N° 140, octubre-diciembre, 1966, pp. 168-181.

8. "Carlos Fuentes dramaturgo: *Todos los gatos son pardos*" ("Aproximaciones al teatro de Carlos Fuentes"). *Simposio Carlos Fuentes. Actas*. Isaac Jack Levi - Juan Loveluck, Editores. University of South Carolina, Department of Foreign Languages and Literatures, *Hispanic Studies*, N° 2, 1978, pp. 185-192.

9. "Primera noticia sobre un libro de amor de Enrique Lihn" ("Noticia preliminar"). Prólogo a *Al bello aparecer de este lucero*. Hanover, New Hampshire, Ediciones del Norte, 1983 [pp. I-VI].

10. "Un caso de elaboración narrativa de experiencias concretas en *La ciudad y los perros*". *Anales de la Universidad de Chile*, año cxxIII, N° 134, abril-junio, 1965, pp 211-216.

11. "Concepto y función de la literatura en Chile: 1920-1970 (Notas para un diálogo)". *Atenea*, Universidad de Concepción (Chile), N° 446, segundo semestre de 1982, pp. 137-149.

12. "Poesía hispanoamericana actual" ("Notas sobre la poesía hispanoamericana actual"). Revista *Inti*. Providence College, Providence, Rhode Island, N°ˢ 18-19, otoño 1983-primavera 1984, pp. ix-xvii. [Volumen publicado en 1985].